苏地名手语

沈　刚　陈蓓琴　主编

（试行）

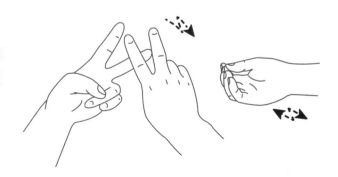

南京师范大学出版社

图书在版编目（CIP）数据

江苏地名手语 : 试行 / 沈刚，陈蓓琴主编 .

南京 : 南京师范大学出版社，2024. 5. -- ISBN 978-7
-5651-6428-6

Ⅰ. H126.3；K925.3

中国国家版本馆 CIP 数据核字第 202491EK16 号

书　　名	江苏地名手语（试行）	
主　　编	沈　刚　陈蓓琴	
策划编辑	彭　茜	
责任编辑	马璐璐	
出版发行	南京师范大学出版社	
地　　址	江苏省南京市玄武区后宰门西村 9 号（邮编：210016）	
电　　话	（025）83598919（总编办）　83598412（营销部）　83373872（邮购部）	
网　　址	http://press.njnu.edu.cn	
电子信箱	nspzbb@njnu.edu.cn	
照　　排	南京凯建文化发展有限公司	
印　　刷	江苏图美云印刷科技有限公司	
开　　本	880 毫米 ×1230 毫米　1/32	
印　　张	8.75	
字　　数	168 千	
版　　次	2024 年 5 月第 1 版	
印　　次	2024 年 5 月第 1 次印刷	
书　　号	ISBN 978-7-5651-6428-6	
定　　价	50.00 元	

出 版 人　张　鹏

《江苏地名手语（试行）》编写组

主 编

沈 刚（聋） 陈蓓琴

副主编

史玉凤 戴曼莉（聋） 韩 梅 吴耀宇（聋）

编写成员

邱丽君（聋） 吴立庭（聋） 李梦江（聋） 陈 瑜（聋）

袁 敏（聋） 辛 红（聋） 夏泽民（聋） 陈疏影（聋）

时新平（聋） 夏沛雯（聋） 索菲菲（聋） 张 焕（聋）

刘凯毅

前　言

地载万物，名志千秋。地名不仅是社会基础地理信息，也是一种公共资源，是人们从事社会交往和经济活动时广泛使用的媒介，在服务经济社会发展、传承弘扬中华优秀传统文化等方面发挥着重要作用。自 2022 年 5 月《地名管理条例》施行以来，江苏省民政厅深入贯彻落实习近平总书记关于地名工作的重要指示批示精神和党中央、国务院决策部署，因地制宜、科学谋划、扎实推动，召开了《江苏省地名管理条例（修订草案）》立法征求意见座谈会，江苏地名作为公共服务的重要组成部分，其文化特征、政治属性、治理功能更加凸显，服务范围进一步拓展。随着我省不断完善残疾人社会保障制度和关爱服务体系，江苏省残疾人联合会主动联系省民政厅，在构建更加包容与和谐的社会进程中，根据江苏残疾人社会生活实际情况积极作为，由江苏省残疾人联合会委托国家语言文字推广基地南京特殊教育师范学院中国盲文手语推广服务中心组建研制团队，主导研发符合听力残疾人（又称听障人士，俗称聋人）群体生活需求的江苏地名手语信息，在推进地名公共服务全覆盖，拓展地名服务路径，全面提升地名公共服务水平，积极推动我省残疾人事业高质量发展上，走在了全国前列，为全面推进中国式现代化江苏新实践做出了新成绩。

目前我国有听障人士2 780多万人，江苏就有148.8万人，占全省总人口的1.99%，是一个特别需要帮助的社会群体。手语是聋人参与社会生活、沟通交往的主要工具，是聋人相互之间以及他们与外界之间沟通交往的视觉语言，是国家语言文字的重要组成部分。地名手语作为手语专有名词，其形成具有很强的文化规定性，是在聋人主体的强烈参与下，经过明确的文化选择后才获得的，是聋人认知活动成果的集中体现。由于我国地域辽阔，地名手语涉及面广泛，溯源复杂，各地聋人在表示同一个地名时存在既相同又不同的手语表达，这是自然形成的手语语言现象。我国手语的产生和发展，与源远流长的中华文化紧密相连，地名手语从其来源看大多有根可寻，有迹可循。根据目前相关学者对地名手语进行的调查，其中大部分地名手语的形成与地理特征、人文历史、民俗风情等之间存在密切联系，其沿用也反映了聋人对家乡及世界的认识、理解与情感，积淀着丰富的聋人文化。

随着经济社会快速发展，聋人交往范围不断扩大，聋人群体的社会融合度显著增强，但地名手语表达的区域差异不利于聋人广泛交往，已经无法满足聋人生活的实际需要，统一、规范的地名手语已经成为聋人日常生活和社会交往的重要需求。江苏省（简称"苏"），下辖南京、无锡、徐州、常州、苏州、南通、连云港、淮安、盐城、扬州、镇江、泰州、宿迁共 13 个地级市，拥有"吴越文化""淮扬文化"等多元文化及地域特征，统一、规范的江苏地名手语出台，不仅能促进江苏聋人与城市环境的积极互动，为享受各类公共服务打下基础；同时，当公共服务信息以地区通行的手语形式呈现时，其普及性将得以显著提升，可充分体现社会对聋人群体权益的尊重与保障。

在中国残疾人联合会积极推进和中国聋人协会统筹指导下，2016 年开始，江苏省聋人协会建立手语采集点，并组织江苏省下辖 13 个市聋人协会收集地名手语。地名手语收集的范围主要是行政区划名称，还包括长江、黄河等自然地理实体名称和一些名胜古迹、纪念地、游览地名称。手语采集组先后在南京、扬州、徐州、苏州等多地深入到基层聋人、特校聋生、手语翻译者等手语使用群体中，通过走访、座谈方式进行原始语料采集，历经五年多，共开展了 680 多次采集，涉及 1 600 余人，共拍摄了江苏各地地名手语打法视频 1 762 个，先后组织修订 20 余次，其中行政区划地名手语占 43%，为编制江苏地名手语奠定了基础。为深入贯彻党的二十大精神，落实《国家语言文字事业"十四五"发展规划》《第二期国家手语和盲文规范化行动计划（2021—2025 年）》，2023 年在江苏省残疾人联合会的大力支持和推动下，国家语言文字推广基地南京特殊教育师范学院中国盲文手语推广服务中心承接江苏地名手语研制项目，与江苏省聋人协会合作，在前期手语采集基础上，根据江苏地名手语的特点和聋人实际应用需求，进一步研讨、论证和修订，《江苏地名手语（试行）》终于要面世了。

本书以《国家通用手语常用词表》（2018 年版）为指导；参考了 2015 年国家语言文字工作委员会专项课题"国名、地名手语规范性表达"的研究成果，该成果汇集了我国地名手语达 4 105 个，其中涉及市、县名称和一些景点名称；引用了《国家通用手语词典》（2019 年版）收入的地名手语，确保地名手语推广和使用的规范性。由于《国家通用手语词典》收入的地名手语仅限于省名称、省会名称，没有涉及省级以下城市的地名手语，研制组充分发挥江苏聋人的主体作用，邀请省内 13 个市聋人协会的骨干参加编纂工作，通过集中研讨方式，听取各方对江苏地名手语的建议和意见，在尽量保留原有当地手语的基础上，对一些非当地手语进行对比评估，经过反复研究、讨论和实验比对，确定推出两百多个江苏地名手语，其中涉及行政区划、5A 级和 4A 级景区等板块。

手语研究者认为，地名手语的形成和沿用，一般有三种情况：一是以汉语地名为基础，通过翻译汉字字形、字音、字义以及音形义相结合等手段生成地名手语；二是不依托汉语，由当地聋人自创约定俗成的手势转指该地地名；三是受手语和汉语综合影响。2019年出版的《国家通用手语词典》中的地名手语是按照"名从主人"和"求同存异"的原则来确定的，本书沿用了"名从主人"这一基本原则，即采用当地聋人使用的手语表达地名。

由此发现：在漫长的历史发展中，聋人与听人交往密切，和汉语接触频繁，汉语对聋人手语的发展产生了深远影响。借用汉语地名中字形、字音、字义的手势来表达，在语素上和汉语能一一对应的，占总地名手语数的71.3%，是江苏地名手语主要的造词方式。此类地名手语受有声语言的影响，经过长期衍化，已经形成众所周知的手语语素。如"苏州"，以首个注音符号"ㄙ"手切（赖恩氏手切，1932年）表示。具体情况为：①借音。在一些地名手语中，用汉语地名词汇的首字母表示，如"润州"的"润"（R）；有一些地名手语词汇虽不是用指式表示，但用的是和地名汉语词汇中语素的同音或近音字的手势表示，如"赣榆"（干于）等。②借义。如"扬州"，左手食指直立，右手腕置于左手食指尖，五指张开，指尖朝下，左右晃动几下，宛如二月杨柳醉春烟，合扬帆动作，含高举上升之意。类似的，还有"盐城"的"盐"、"射阳"的"射"等。③借形。取地名汉语词汇的字形，用书空及仿字方法来表示，如"泗洪""泗阳"的"泗"，借"四"来表示，还有以形近字来表示，如"盱眙"的"眙"用"胎"来表示等。除了这些，还有借用并两两组合的造词方式，如

"扬州"（字义＋字形）、"苏州"（字音＋字形）等。

地名手语积淀着丰富的聋人文化，聋人群体在长期生活过程中，逐渐形成了对当地历史、地理、物产、文化的独特理解，常常用自创的约定俗成的手势来对该地域命名。这种命名方式在聋人群体中被普遍认同并得以广泛传播，该类手势占总地名手语数的 28.7%，是江苏地名手语造词方式不可忽略的内容，主要以地形或地貌、人物、物产、历史事件等转指地名。具体情况为：① 以地形或地貌转指地名。如淮安地处淮河和京杭大运河的交汇处范围，以"左手虚握，虎口向上，右手掌竖立并在左手虎口上先横切后竖切"来表示两河交汇处附近的"淮阴"，"睢宁"也用此打法。借地形表示，如"泰州"地形呈喇叭状，便以"一手竖立，虎口贴于嘴边，口张开"来表示。再如"泰兴""兴化"，根据位置命名，泰兴位置在泰州市南面，因此手势位置在颌部，兴化位置在泰州市北面，因此手势位置在太阳穴。此类手语还有"南京"等。② 以人物转指地名。聋人在给某地命名时，存在用当地某个著名人物的人名手语兼代地名手语的现象。例如，1940年聋人中有识之士钱天序等人筹资创办了惠喑学校，为无锡听障教育之滥觞。该校某老师风度翩翩，一手打手势"花"，贴于左胸，后来桃李天下，逐渐兼代"无锡"地名。③ 以物产资源转指地名。借当地著名的物产资源来表示，如"镇江"的醋缸、"宜兴"的紫砂壶、"如皋"的猪肉松等。④ 以历史事件转指地名。如"徐州"以双手开枪表示，这与发生在徐州的淮海战役有关。

另外，地名手语的创造、衍变和传承，还受历史、经济等变迁的影响，手势的手形、位置、方向都可能发生改变，如"连云港""淮安"等存在三种以上手势，既有青年、老年聋人之间手语的差异，也有外地聋人与当地聋人之间手语的差异。国务院《地名管理条例》规定："一地多名、一名多写的，应当确定一个统一的名称和用字。"显然，对于一个地名多种手语打法的问题，也要依照国家规定，从中选择使用人数相对多的一种手语作为通用手语，在充分尊重聋人意见的基础上，采取易于教学、优先推广的方式处理。

本书参照《国家通用手语词典》(2019年版)，所涉地名手语都配有手语打法说明，对手的位置、掌心（或手背、虎口）朝向、移动方向以及双手交替动作的先后顺序都作了具体规定；所有手语词都配有图片和视频，可通过二维码扫读，图文并茂，动静结合，一目了然，简便易学。相信未来会有更多的聋人朋友掌握并使用这统一、规范的地名手语，这不仅有助于提高聋人的交际能力和社会适应能力，也有助于促进聋人群体与社会的和谐融合。同时我们还将积极推广江苏地名手语在各个领域的应用，特别是将地名手语融入文旅服务语言中，使这些景点、公共场馆等窗口行业人员学会一些手语，增进与聋人的交流沟通，促进社会的多元化和包容性发展。此外，本书在我国手语地名、建筑名等专有名词的研究上也将具有一定的参考价值和借鉴意义。

本书研制编写期间，中国盲文手语推广服务中心主任陈蓓琴教授负责项目策划、框架设计、统筹协调、全书统稿和出版推广；项目具体负责人中国盲文手语推广服务中心特聘研究员沈刚（聋）负责全书的内容选定、手语译写、文本呈现、全书统稿和全书审校；中国聋人协会手语研究与推广委员会名誉主任邱丽君（聋），江苏省聋人协会吴立庭（聋）、李梦江（聋）、陈瑜（聋），省内各市聋人协会代表袁敏（聋）、辛红（聋）、夏泽民（聋）、时新平（聋）、朱文雄（聋）、刘明珠（聋）、索菲菲（聋）、陈疏影（聋）、金响梅（聋）、周建江（聋）、程菲菲（聋）、赵毅德（聋）、夏沛雯（聋）、张焕（聋）、孙国强（聋）等积极参与本书的手语打法说明编写、分类排列等大量工作；中国盲文手语推广服务中心手语主持徐鸣宏（聋）出镜为本书做手语图片及视频示范；南京特殊教育师范学院数信学院李明扬老师负责拍摄与剪辑；南京特殊教育师范学院特教学院特教2008班本科生周诗琪和冉丽，特教2108班本科生余欣怡和谭理丹参与手语图片制作和手语打法说明校对；南京特殊教育师范学院特教学院史玉凤教授、韩梅副教授、戴曼莉（聋）老师、刘凯毅老师，江苏省聋人协会主席吴耀宇（聋），江苏省手语采集点组长袁敏（聋）负责手语指导；南京特殊教育师范学院语言学院郭新文副教授统筹全书配套视频；中国盲文手语推广服务中心副主任陈兵负责项目保障。

国家手语和盲文研究中心专家团队对江苏地名词汇及短语的手语打法进行了专题研讨，提出了中肯的意见和建设性建议。

江苏省残疾人联合会党组书记、理事长姜爱军，南京特殊教育师范学院党委书记黄军伟对本书出版寄予厚望。

本书的研制工作得到江苏省残疾人联合会、江苏省民政厅、南京特殊教育师范学院的全力支持，使得研制组能获得各项保障，研制工作顺利推进。本书凝聚了多方面人员的智慧和心血，是共同努力的结果。

值此付梓之际，谨向所有参与、关心、支持和帮助《江苏地名手语（试行）》研制、出版的单位和个人表示衷心的感谢！

限于我们的专业水平和能力，本书难免存在不足之处，希望广大读者给予理解并提出宝贵意见，以便我们今后进一步完善。

编 者
2024 年 4 月

目　录

南京市

行政区划

5A 景区

4A 景区

无锡市

徐州市

行政区划

常州市

行政区划

5A 景区

4A 景区

苏州市

🤚 南通市

行政区划

5A 景区

4A 景区

连云港市

行政区划

5A 景区

4A 景区

淮安市

行政区划

5A 景区

4A 景区

盐城市

行政区划

5A 景区

4A 景区

扬州市

行政区划

5A 景区

4A 景区

镇江市

行政区划

5A 景区

宿迁市

行政区划

5A 景区

4A 景区

南京市

① 双手五指弯曲，食指、中指、无名指、小指指尖朝下，手腕向下转动两下。
② 双手食指直立，指面相对，从中间向两侧弯动，仿城垛形。

行政区划

玄武区
① 双手五指虚握，在身旁做划船动作。
② 左手拇指、食指与右手相叠的食指和中指搭成"区"字形。

秦淮区
① 右手五指成"L"形，虎口贴于嘴边，口张开。
② 左手拇指、食指与右手相叠的食指和中指搭成"区"字形。

建邺区
① 双手食指、中指分开，指尖相对，手背向前，交替点动几下并向前移动。
② 左手食指、中指、无名指、小指直立分开，手背向外；右手食指横伸，置于左手四指根部，仿"业"字形。
③ 左手拇指、食指与右手相叠的食指和中指搭成"区"字形。

鼓楼区

① 双手伸食指，指尖朝前，上下交替动几下，如敲鼓状。

② 左手握拳，手背向外；右手五指张开，手背向外，向下碰一下左手虎口后向上移动。

③ 左手拇指、食指与右手相叠的食指和中指搭成"区"字形。

浦口区

① 右手食指、中指并拢，沿嘴部转动两圈。

② 左手拇指、食指与右手相叠的食指和中指搭成"区"字形。

栖霞区

① 左手食指、中指、无名指、小指并拢 指尖朝右上方，手背向外；右手五指向上捋一下左手四指。

② 左手拇指、食指与右手相叠的食指和中指搭成"区"字形。

雨花台区

① 左手伸拇指、小指，指尖朝上；右手五指微曲，指尖朝下，快速向下动几下，表示雨点落下。
② 左手拇指、食指与右手相叠的食指和中指搭成"区"字形。

江宁区

① 双手食指、中指搭成"江"字形，右手中指微动几下。
② 右手五指成"匚"形，指尖贴住颏部，再向上微翘。
③ 左手拇指、食指与右手相叠的食指和中指搭成"区"字形。

六合区

① 左手伸拇指、小指，手背向外；右手拇指、食指捏成圆形，虎口朝上，和左手搭成"合"字形。
② 左手拇指、食指与右手相叠的食指和中指搭成"区"字形。

溧水区

① 右手打手指字母"L"的指式。
② 右手横伸，掌心向下，五指张开，边交替点动边向右侧移动，表示"水"。
③ 左手拇指、食指与右手相叠的食指和中指搭成"区"字形。

高淳区

① 右手横伸，掌心向下，向上移过头顶。
② 右手打手指字母"CH"的指式。
③ 左手拇指、食指与右手相叠的食指和中指搭成"区"字形。

5A 景区

夫子庙秦淮风光带

① 双手掌心相对互握。
② 右手五指成"L"形，虎口贴于嘴边，口张开。
③ 右手直立，掌心向内，从一侧向另一侧做弧形移动。
④ 右手拇指、食指张开，指尖朝下，从左向右做曲线移动。

钟山风景名胜区——中山陵园风景区

① 左手五指弯曲，指尖朝下；右手食指直立，在左手掌心下左右晃动两下。
② 右手拇指、食指、小指直立，手背向外，仿"山"字形。
③ 右手中指、无名指、小指横伸分开，指尖朝耳部点一下。
④ 右手直立，掌心向内，从一侧向另一侧做弧形移动。

⑤ 左手拇指、食指与右手相叠的食指、中指搭成"区"字形。

⑥ 左手拇指、食指与右手食指搭成"中"字形。

⑦ 右手拇指、食指、小指直立，手背向外，仿"山"字形。

⑧ 双手伸拇指、食指、小指，手背向上，上下相叠，左手在下不动，右手向上一顿一顿移动几下。

⑨ 右手伸食指，指尖朝下划一大圈。

⑩ 双手直立，掌心左右相对，五指微曲，左右来回扇动。

⑪ 右手直立，掌心向内，从一侧向另一侧做弧形移动。

⑫ 左手拇指、食指与右手相叠的食指、中指搭成"区"字形。

4A 景区

大报恩寺遗址公园景区

① 双手侧立，掌心相对，同时向两侧移动，幅度要大些。
② 双手直立，掌心朝向一前一后，然后前后交错移动一下。
③ 双手合十。
④ 双手伸拇指、小指，指尖朝上，交替向肩后转动。
⑤ 左手横伸；右手横立，掌心向内，置于左手背上，然后向下一按。
⑥ 双手拇指、食指搭成"公"字形，虎口朝外。
⑦ 右手伸食指，指尖朝下划一大圈。
⑧ 右手直立，掌心向内，从一侧向另一侧做弧形移动。

⑨ 左手拇指、食指与右手相叠的食指、中指搭成"区"字形。

牛首山文化旅游区

① 右手伸拇指、小指，拇指尖抵于太阳穴，小指尖朝前。
② 右手拍一下头部右侧。
③ 右手拇指、食指、小指直立，手背向外，仿"山"字形。
④ 右手五指撮合，指尖朝前，撇动一下，如执毛笔写字状。
⑤ 右手五指撮合，指尖朝上，边向上微移边张开。
⑥ 左手握拳；右手伸拇指、小指，小指在左手背上随意点几下，表示到世界各地旅游。

⑦ 左手拇指、食指与右手相叠的食指、中指搭成"区"字形。

汤山紫清湖旅游区

① 右手拇指、食指相捏，从下向嘴部移动，嘴嗫起，如执汤匙喝汤状。

② 右手拇指、食指、小指直立，手背向外，仿"山"字形。

③ 右手打手指字母"Z"的指式，食指尖置于嘴唇处。

④ 左手横伸；右手平伸，掌心向下，贴于左手掌心，边向左手指尖方向移动边弯曲食指、中指、无名指、小指。

⑤ 左手拇指、食指成半圆形，虎口朝上；右手横伸，掌心向下，五指张开，边交替点动边在左手旁顺时针转动一圈。

⑥ 左手握拳；右手伸拇指、小指，小指在左手背上随意点几下，表示到世界各地旅游。

⑦ 左手拇指、食指与右手相叠的食指、中指搭成"区"字形。

金牛湖景区

① 左手握拳，手背向上；右手拇指、食指相捏，指尖朝下，置于左手中指根部。

② 右手伸拇指、小指，拇指尖抵于太阳穴，小指尖朝前。

③ 左手拇指、食指成半圆形，虎口朝上；右手横伸，掌心向下，五指张开，边交替点动边在左手旁顺时针转动一圈。

④ 右手直立，掌心向内，从一侧向另一侧做弧形移动。

⑤ 左手拇指、食指与右手相叠的食指、中指搭成"区"字形。

游子山休闲旅游区

① 右手伸拇指、小指，顺时针转动一圈。

② 右手打手指字母"Z"的指式。

③ 右手拇指、食指、小指直立，手背向外，仿"山"字形。

④ 双手交叉，手背向外，贴于胸部，表示休息的意思。

⑤ 左手握拳；右手伸拇指、小指，小指在左手背上随意点几下，表示到世界各地旅游。

⑥ 左手拇指、食指与右手相叠的食指、中指搭成"区"字形。

高淳国际慢城

① 右手横伸，掌心向下，向上移过头顶。

② 右手打手指字母"CH"的指式。

③ 左手握拳，手背向上；右手五指微曲张开，从后向前绕左拳转动半圈。
④ 右手五指成"匸"形，虎口朝内，边捏动边向一侧移动。
⑤ 双手食指直立，指面相对，从中间向两侧弯动，仿城垛形。

溧水周园

① 右手打手指字母"L"的指式。
② 右手横伸，掌心向下，五指张开，边交替点动边向右侧移动，表示"水"。
③ 右手五指弯曲，指尖抵于头顶右侧。
④ 右手伸食指，指尖朝下划一大圈。

珍珠泉风景区

① 双手拇指、食指相捏，虎口朝内，边晃动边相对。

② 左手横伸，掌心向下；右手五指撮合，指尖朝上，手背向外，边从左手内侧伸出边张开。

③ 双手直立，掌心左右相对，五指微曲，左右来回扇动。

④ 右手直立，掌心向内，从一侧向另一侧做弧形移动。

⑤ 左手拇指、食指与右手相叠的食指、中指搭成"区"字形。

高淳老街历史文化景区

① 右手横伸，掌心向下，向上移过头顶。

② 右手打手指字母"CH"的指式。

③ 右手五指弯曲，食指、中指、无名指、小指指背贴于脸颊，从上向下移动。

④ 双手侧立，掌心相对，向前移动。

⑤ 双手伸拇指、小指，指尖朝上，交替向肩后转动。

⑥ 右手五指撮合，指尖朝前，撇动一下，如执毛笔写字状。

⑦ 右手五指撮合，指尖朝上，边向上微移边张开。

⑧ 右手直立，掌心向内，从一侧向另一侧做弧形移动。

⑨ 左手拇指、食指与右手相叠的食指、中指搭成"区"字形。

红山森林动物园

① 右手打手指字母"H"的指式，摸一下嘴唇。
② 右手拇指、食指、小指直立，手背向外，仿"山"字形。
③ 双手拇指、食指成大圆形，虎口朝上，在不同位置连续向上移动几下。
④ 双手握拳屈肘，前后交替转动两下。
⑤ 双手食指指尖朝前，手背向上，先互碰一下，再分开并张开五指。
⑥ 右手伸食指，指尖朝下划一大圈。

侵华日军南京大屠杀遇难同胞纪念馆

① 左手虚握，虎口朝上；右手平伸，掌心向下，朝左手虎口处拍两下，表示日本国旗。
② 右手横伸，掌心向下，置于前额，表示军帽帽檐。

③ 双手五指微曲，掌心向前，边交替用力向后移动边握拳。

④ 右手伸食指，自咽喉部顺肩、胸部划至右腰部，以民族服装"旗袍"的前襟线表示中国。

⑤ 双手五指弯曲，食指、中指、无名指、小指指尖朝下，手腕向下转动两下。

⑥ 双手侧立，掌心相对，同时向两侧移动，幅度要大些。

⑦ 左手伸拇指；右手五指并拢，掌心向下，向左手拇指背砍两下。

⑧ 双手伸拇指、小指，指尖左右相对，手背向外，从两侧向中间移动。

⑨ 右手拍一下前额，然后边向前下方移动边伸出小指。

⑩ 右手食、中指横伸分开，手背向上，向前移动一下。

⑪ 左手横伸，手背向上；右手拇
　 指、食指捏一下左手背。
⑫ 右手打手指字母"J"的指式，
　 碰一下前额。
⑬ 右手拍一下前额。
⑭ 双手搭成"∧"形。

栖霞山风景区

① 左手食指、中指、无名指、小指
　 并拢，指尖朝右上方，手背向
　 外；右手五指向上捋一下左手
　 四指。
② 右手拇指、食指、小指直立，手
　 背向外，仿"山"字形。
③ 双手直立，掌心左右相对，五指
　 微曲，左右来回扇动。
④ 右手直立，掌心向内，从一侧向
　 另一侧做弧形移动。

⑤ 左手拇指、食指与右手相叠的食指、中指搭成"区"字形。

梅园新村纪念馆

① 左手食指横伸，手背向上；右手五指撮合，指尖朝上，置于左手食指上，边向指尖方向移动边连续做开合的动作，仿梅花形状。

② 右手伸食指，指尖朝下划一大圈。

③ 右手伸拇指、食指、小指，指尖朝斜前方，左右晃动几下。

④ 双手搭成"∧"形，顺时针平行转动一圈。

⑤ 右手打手指字母"J"的指式，碰一下前额。

⑥ 右手拍一下前额。

⑦ 双手搭成"∧"形。

阳山碑材景区

① 右手直立于右上方，五指撮合，指尖斜下，然后张开。
② 右手拇指、食指、小指直立，手背向外，仿"山"字形。
③ 左手横伸，掌心向上，指尖朝前；右手五指并拢，指尖朝下，手背向外，置于左手掌心上。
④ 右手直立，掌心向内，从一侧向另一侧做弧形移动。
⑤ 左手拇指、食指与右手相叠的食指、中指搭成"区"字形。

朝天宫景区

① 双手打手指字母"CH"的指式，虎口朝上，右手从上向下落到左手上。

② 右手食指直立，在头一侧上方转动一圈。

③ 双手搭成"∧"形，然后左右分开并伸出拇指、小指，指尖朝上，仿宫殿翘起的飞檐。

④ 右手直立，掌心向内，从一侧向另一侧做弧形移动。

⑤ 左手拇指、食指与右手相叠的食指、中指搭成"区"字形。

玄武湖景区

① 双手虚握，虎口朝前上方，一高一低，模仿划船的动作。

② 左手拇指、食指成半圆形，虎口朝上；右手横伸，掌心向下，五指张开，边交替点动边在左手旁顺时针转动一圈。

③ 右手直立，掌心向内，从一侧向另一侧做弧形移动。
④ 左手拇指、食指与右手相叠的食指、中指搭成"区"字形。

阅江楼景区

① 右手食指、中指分开，指尖朝前，手背向上，从左向右移动一下，目光随之移动。
② 双手侧立，掌心相对，相距窄些，向前做曲线形移动。
③ 左手握拳，手背向外；右手五指张开，手背向外，向下碰一下左手虎口后向上移动。
④ 右手直立，掌心向内，从一侧向另一侧做弧形移动。
⑤ 左手拇指、食指与右手相叠的食指、中指搭成"区"字形。

总统府景区

① 右手伸拇指、食指、中指，拇指尖抵于前额，食指、中指直立并拢。

② 左手横伸，掌心朝上；右手侧立，五指微曲张开，边向左做弧形移动边握拳在左手掌心上。

③ 双手搭成"∧"形。

④ 右手直立，掌心向内，从一侧向另一侧做弧形移动。

⑤ 左手拇指、食指与右手相叠的食指、中指搭成"区"字形。

雨花台风景区

① 左手伸拇指、小指，指尖朝上；右手五指微曲，指尖朝下，置于左手上，向下动几下。

② 双手直立，掌心左右相对，五指微曲，左右来回扇动。

③ 右手直立，掌心向内，从一侧向另一侧做弧形移动。
④ 左手拇指、食指与右手相叠的食指、中指搭成"区"字形。

溧水天生桥景区

① 右手打手指字母"L"的指式。
② 右手横伸，掌心向下，五指张开，边交替点动边向右侧移动，表示"水"。
③ 右手食指直立，在头一侧上方转动一圈。
④ 右手拇指、中指相捏，边碰向左胸部边张开。
⑤ 双手食指、中指微曲分开，指尖相对，指背向上，从中间向两侧下方做弧形移动。
⑥ 右手直立，掌心向内，从一侧向另一侧做弧形移动。

⑦ 左手拇指、食指与右手相叠的食指、中指搭成"区"字形。

莫愁湖景区

① 双手拇指、中指相捏，其他三指翘起，左手抬在身体左侧，右手置于左胸前，一高一低，转动一圈，模仿戏剧女角的动作。
② 右手拇指、食指在眉间相捏，两眉紧皱。
③ 左手拇指、食指成半圆形，虎口朝上；右手横伸，掌心向下，五指张开，边交替点动边在左手旁顺时针转动一圈。
④ 右手直立，掌心向内，从一侧向另一侧做弧形移动。
⑤ 左手拇指、食指与右手相叠的食指、中指搭成"区"字形。

平山森林公园

① 左手横伸；右手平伸，掌心向
下，从左手背上向右移动一下。

② 右手拇指、食指、小指直立，手
背向外，仿"山"字形。

③ 双手拇指、食指成大圆形，虎口
朝上，在不同位置连续向上移动
几下，表示众多的树木。

④ 双手拇指、食指搭成"公"字
形，虎口朝外。

⑤ 右手伸食指，指尖朝下划一大圈。

无锡市

① 右手五指弯曲，掌心朝上，轻碰左胸两下。

② 双手食指直立，指面相对，从中间向两侧弯动，仿城垛形。

行政区划

锡山区

① 右手五指弯曲，掌心朝上，轻碰左胸一下。
② 右手拇指、食指、小指直立，手背向外，仿"山"字形。
③ 左手拇指、食指与右手相叠的食指、中指搭成"区"字形。

惠山区

① 左手伸拇指；右手横伸捏在左手虎口处，逆时针转动半圈。
② 右手拇指、食指、小指直立，手背向外，仿"山"字形。
③ 左手拇指、食指与右手相叠的食指、中指搭成"区"字形。

滨湖区

① 右手横伸，掌心向下，置于前额。
② 左手拇指、食指成半圆形，虎口朝上；右手横伸，掌心向下，五指张开，边交替点动边在左手旁顺时针转动一圈。
③ 左手拇指、食指与右手相叠的食指、中指搭成"区"字形。

梁溪区

① 右手拇指、食指微张，在嘴角处前后微转几下。
② 双手侧立，掌心相对，相距窄些，向前做曲线形移动。
③ 左手拇指、食指与右手相叠的食指、中指搭成"区"字形。

新吴区

① 右手伸拇指、食指、小指，指尖朝斜前方，左右晃动几下。
② 右手五指捏成球形，手背向下，左右微晃几下。
③ 左手拇指、食指与右手相叠的食指、中指搭成"区"字形。

江阴市

① 双手食指、中指搭成"江"字形，右手中指微动几下。
② 双手掌心上下相对，相距远些，交替平行转动两下。
③ 双手食指直立，指面相对，从中间向两侧弯动，仿城垛形。

宜兴市

① 右手直立，掌心朝内，手背拱起，捂住右眼。

② 双手横伸，掌心朝内，在胸前同时向上移动一下，面带笑容。

③ 双手食指直立，指面相对，从中间向两侧弯动，仿城垛形。

5A 景区

鼋头渚风景区

① 右手伸拇指，指尖朝前；左手手背拱起，置于右手背上，右手拇指转动两下。
② 双手直立，掌心左右相对，五指微曲，左右来回扇动。
③ 右手直立，掌心向内，从一侧向另一侧做弧形移动。
④ 左手拇指、食指与右手相叠的食指、中指搭成"区"字形。

灵山景区

① 右手直立五指并拢，指尖向上，掌心向外；左手直立，五指并拢，指尖向下，掌心向外，模仿灵山大佛立像。
② 右手直立，掌心向内，从一侧向另一侧做弧形移动。
③ 左手拇指、食指与右手相叠的食指、中指搭成"区"字形。

中央电视台无锡影视基地三国水浒景区

① 左手拇指、食指与右手食指搭成"中"字形。

② 右手食指、中指弯曲，指尖朝内，朝颏部点一下，与口结合仿"央"字的一部分。

③ 左手伸拇指、食指，食指尖朝右，手背向外；右手横立，手背向外，五指张开，在左手食指上方上下晃动几下。

④ 右手伸拇指、小指，指尖朝上，拇指尖抵于颏部。

⑤ 右手五指弯曲，掌心朝上，轻碰左胸两下。

⑥ 左手五指成"C"形，虎口朝内；右手握拳，朝前转动两下，模仿拍摄动作。

⑦ 左手握拳，手背向上；右手拇指、食指张开，指尖朝下，朝左手腕两侧插一下。

⑧ 右手伸食指，指尖朝下一指。

⑨ 右手中指、无名指、小指横伸分开，手背向外。

⑩ 右手打手指字母"G"的指式，顺时针平行转动一圈。

⑪ 右手横伸，掌心向下，五指张开，边交替点动边向一侧移动。

⑫ 双手握拳，手背向下，模仿抡起红缨枪的动作。

⑬ 右手直立，掌心向内，从一侧向另一侧做弧形移动。

⑭ 左手拇指、食指与右手相叠的食指、中指搭成"区"字形。

惠山古镇景区

① 左手伸拇指，手背向外，拇指朝上；右手平伸，手背向上，虎口搭在左手拇指根部，从右向左绕左手拇指转动半圈，形成图②。
② 右手拇指、食指、小指直立，手背向外，仿"山"字形。
④ 双手拇指、食指搭成"古"字形。
⑤ 右手拇指、食指成圆形，指尖稍分开，虎口朝上，向下一顿。
⑥ 右手直立，掌心向内，从一侧向另一侧做弧形移动。
⑦ 左手拇指、食指与右手相叠的食指、中指搭成"区"字形。

4A 景区

阖闾城遗址博物馆

① 左手拇指、食指成"∩"形，虎口朝内；右手拇指、食指捏成圆形，在左手虎口下方一上一下各一顿，仿"闾"字形。
② 双手食指直立，指面相对，从中间向两侧弯动，仿城垛形。
③ 双手侧立横伸，交替向肩后转动。
④ 左手横伸，掌心向内；右手横立，置于左手手背上，然后向下一按。
⑤ 双手直立，掌心向内，置于面前，从中间向两侧一顿一顿移动几下。
⑥ 双手搭成"∧"形。

阳山桃花源景区

① 右手直立于右上方，五指撮合，指尖斜下，然后张开。
② 右手拇指、食指、小指直立，手背向外，仿"山"字形。

③ 双手拇指指尖相抵，其他四指并
拢并指尖相抵，虎口朝内，仿桃
的形状。

④ 右手五指撮合，指尖朝上，然后
张开。

⑤ 右手伸食指，指尖朝下划一大圈。

⑥ 右手直立，掌心向内，从一侧向
另一侧做弧形移动。

⑦ 左手拇指、食指与右手相叠的食
指、中指搭成"区"字形。

荡口古镇景区

① 右手拇指、食指相捏，从下向嘴
部移动。

② 右手伸食指，沿嘴部转动一圈。

③ 双手拇指、食指搭成"古"字形。

④ 右手拇指、食指成圆形，指尖稍分开，虎口朝上，向下一顿。

⑤ 右手直立，掌心向内，从一侧向另一侧做弧形移动。

⑥ 左手拇指、食指与右手相叠的食指、中指搭成"区"字形。

宜兴云湖旅游景区

① 右手直立，掌心朝内，手背拱起，捂住右眼。

② 双手横伸，掌心朝内，在胸前同时向上移动一下，面带笑容。

③ 右手五指成"冂"形，虎口朝内，在头前上方平行转动两下。

④ 左手拇指、食指成半圆形，虎口朝上；右手横伸，掌心向下，五指张开，边交替点动边在左手旁顺时针转动一圈。

⑤ 左手握拳；右手伸拇指、小指，小指在左手背上随意点几下，表示到世界各地旅游。

⑥ 一手直立，掌心向内，从一侧向另一侧做弧形移动。

⑦ 左手拇指、食指与右手相叠的食指、中指搭成"区"字形。

宜兴陶瓷博物馆

① 右手直立，掌心朝内，手背拱起，捂住右眼。

② 双手横伸，掌心朝内，在胸前同时向上移动一下，面带笑容。

③ 左手横伸，掌心朝内，手背拱起；右手手背拱起，拍两下左手手背。

④ 双手直立，掌心向内，置于面前，从中间向两侧一顿一顿移动几下。

⑤ 双手搭成"∧"形。

清名桥古运河景区

① 左手横伸；右手平伸，掌心向下，贴于左手掌心，边向左手指尖方向移动，边弯曲食指、中指、无名指、小指。

② 右手中指、无名指、小指横伸分开，指尖对着耳部，点一下，手背向外。

③ 双手食指、中指微曲分开，指尖相对，指背向上，从中间向两侧下方做弧形移动。

④ 双手拇指、食指搭成"古"字形。

⑤ 双手横伸，掌心上下相对，向一侧移动一下。

⑥ 双手侧立，掌心相对，相距窄些，向前做曲线形移动。

⑦ 右手直立，掌心向内，从一侧向另一侧做弧形移动。

⑧ 左手拇指、食指与右手相叠的食指、中指搭成"区"字形。

中华赏石园景区

① 左手伸拇指、食指与右手食指搭成"中"字形。

② 右手五指撮合，指尖朝上，然后张开。

③ 右手食指、中指分开，指尖朝前，手背向上，在面前转动一圈。

④ 左手握拳；右手食指、中指弯曲，以指背关节在左手背上敲两下。

⑤ 右手伸食指，指尖朝下划一大圈。

⑥ 右手直立，掌心向内，从一侧向另一侧做弧形移动。

⑦ 左手拇指、食指与右手相叠的食
　指、中指搭成"区"字形。

宜兴张公洞旅游景区

① 右手直立，掌心朝内，手背拱
　起，捂住右眼。

② 双手横伸，掌心朝内，在胸前同
　时向上移动一下，面带笑容。

③ 双手拇指、中指相捏，指尖朝
　下，微抖几下。

④ 双手拇指、食指搭成"公"字
　形，虎口朝外。

⑤ 左手五指成"∩"形，虎口朝
　右；右手食指在左手下做弧形移
　动，仿洞形状。

⑥ 左手握拳；右手伸拇指、小指，
　小指在左手背上随意点几下，表
　示到世界各地旅游。

⑦ 右手直立，掌心向内，从一侧向
另一侧做弧形移动。
⑧ 左手拇指、食指与右手相叠的食
指、中指搭成"区"字形。

鸿山泰伯景区

① 右手手背贴于嘴部，拇指、食指
先张开再相捏。
② 右手拇指、食指、小指直立，手
背向外，仿"山"字形。
③ 右手拇指、中指相捏，然后在嘴
侧下方弹动两下。
④ 右手直立，掌心向内，从一侧向
另一侧做弧形移动。
⑤ 左手拇指、食指与右手相叠的食
指、中指搭成"区"字形。

南禅寺景区

① 双手五指弯曲，食指、中指、无名指、小指指尖朝下，手腕向下转动一下。

② 双手伸拇指、食指、小指，手背向上，上下相叠，左手在下不动，右手向上一顿一顿移动几下。

③ 双手合十。

④ 右手直立，掌心向内，从一侧向另一侧做弧形移动。

⑤ 左手拇指、食指与右手相叠的食指、中指搭成"区"字形。

中国吴文化博物馆鸿山遗址博物馆

① 右手伸食指，自咽喉部顺肩、胸部划至右腰部，以民族服装"旗袍"的前襟线表示中国。

② 右手五指捏成球形，手背向下。

③ 右手五指撮合，指尖朝前，撇动一下，如执毛笔写字状。

④ 右手五指撮合，指尖朝上，边向上微移边张开。

⑤ 双手直立，掌心向内，置于面前，从中间向两侧一顿一顿移动几下。

⑥ 双手搭成"∧"形。

⑦ 右手手背贴于嘴部，拇指、食指先张开再相捏。

⑧ 右手拇指、食指、小指直立，手背向外，仿"山"字形。

⑨ 双手侧立横伸，交替向肩后转动。

⑩ 左手横伸，掌心向内；右手横立，置于左手手背上，然后向下一按。

⑪ 双手直立，掌心向内，置于面前，从中间向两侧一顿一顿移动几下。

⑫ 双手搭成"∧"形。

梅园横山风景区

① 左手食指横伸，手背向上；右手五指撮合，指尖朝上，置于左手食指上，边向指尖方向移动边连续做开合的动作，仿梅花形状。

② 右手伸食指，指尖朝下划一大圈。

③ 右手伸食指，指尖朝前，从左向右划动一下。

④ 右手拇指、食指、小指直立，手背向外，仿"山"字形。

⑤ 双手直立，掌心左右相对，五指微曲，左右来回扇动。

⑥ 右手直立，掌心向内，从一侧向另一侧做弧形移动。

⑦ 左手拇指、食指与右手相叠的食指、中指搭成"区"字形。

宜兴陶祖圣境景区

① 右手直立，掌心朝内，手背拱起，捂住右眼。
② 双手横伸，掌心朝内，在胸前同时向上移动一下，面带笑容。
③ 左手横伸，掌心朝内，手背拱起；右手手背拱起，拍两下左手手背。
④ 左手伸拇指，手背向外；右手食指直立，手背向外，置于左手旁，然后向上移动。
⑤ 双手合十。
⑥ 右手伸食指，指尖朝下划一大圈。

⑦ 右手直立，掌心向内，从一侧向
另一侧做弧形移动。

⑧ 左手拇指、食指与右手相叠的食
指、中指搭成"区"字形。

崇安寺景区

① 左手拇指、食指捏成半圆形，虎
口朝上；右手食指、中指并拢伸
出，指尖朝前方，敲两下左手大
拇指。

② 右手横伸，掌心向下，自胸部向
下一按。

③ 双手合十。

④ 右手直立，掌心向内，从一侧向
另一侧做弧形移动。

⑤ 左手拇指、食指与右手相叠的食
指、中指搭成"区"字形。

宜兴竹海风景区

① 右手直立，掌心朝内，手背拱起，捂住右眼。

② 双手横伸，掌心朝内，在胸前同时向上移动一下，面带笑容。

③ 左手平伸握拳，手背向上；右手食指、中指并拢，敲击左手腕的脉门处和肘部。

④ 双手平伸，掌心向下，五指张开，上下交替移动，表示起伏的波浪。

⑤ 双手直立，掌心左右相对，五指微曲，左右来回扇动。

⑥ 右手直立，掌心向内，从一侧向另一侧做弧形移动。

⑦ 左手拇指、食指与右手相叠的食指、中指搭成"区"字形。

宜兴团氿风景区

① 右手直立，掌心朝内，手背拱起，捂住右眼。
② 双手横伸，掌心朝内，在胸前同时向上移动一下，面带笑容。
③ 双手五指弯曲，相互握住。
④ 右手食指弯曲，中节指指背向上，虎口朝内。
⑤ 双手直立，掌心左右相对，五指微曲，左右来回扇动。
⑥ 右手直立，掌心向内，从一侧向另一侧做弧形移动。
⑦ 左手拇指、食指与右手相叠的食指、中指搭成"区"字形。

宜兴龙背山森林公园

① 右手直立，掌心朝内，手背拱起，捂住右眼。
② 双手横伸，掌心朝内，在胸前同时向上移动一下，面带笑容。
③ 双手拇指、食指相捏，从鼻下向两侧斜前方拉出，表示龙的两条长须。
④ 右手拍一下同侧背部。
⑤ 右手拇指、食指、小指直立，手背向外，仿"山"字形。
⑥ 双手拇指、食指成大圆形，虎口朝上，在不同位置连续向上移动几下，表示众多的树木。
⑦ 双手拇指、食指搭成"公"字形，虎口朝外。
⑧ 右手伸食指，指尖朝下划一大圈。

蠡园公园

① 右手食指弯曲如钩，指尖朝下，手背向上，手腕置于嘴部然后往下运动。

② 右手伸食指，指尖朝下划一大圈。

③ 双手拇指、食指搭成"公"字形，虎口朝外。

④ 右手伸食指，指尖朝下划一大圈。

薛福成故居

① 左手伸食指；右手打手指字母"X"的指式，手背向上，在左手食指上做削铅笔的动作。

② 双手五指张开，掌心向下，拇指尖抵于胸部，其他四指交替点动几下。

③ 右手直立，掌心向内，向肩后挥动一下。

④ 双手搭成"∧"形。

宜兴善卷洞景区

① 右手直立，掌心朝内，手背拱起，捂住右眼。

② 双手横伸，掌心朝内，在胸前同时向上移动一下，面带笑容。

③ 左手横伸；右手五指微曲，指尖朝上，在左手掌心边向下微转边捏合，仿钟乳石形状。

④ 左手五指成"∩"形，虎口朝右；右手食指在左手下做弧形移动，仿洞形状。

⑤ 右手直立，掌心向内，从一侧向另一侧做弧形移动。

⑥ 左手拇指、食指与右手相叠的食指、中指搭成"区"字形。

徐州市

① 右手伸拇指、食指在上；左手伸拇指、食指在下；双手食指指尖朝右斜上方，同时弯曲两下。
② 双手食指直立，指面相对，从中间向两侧弯动，仿城垛形。

行政区划

鼓楼区
① 双手伸食指，指尖朝前，上下交替动几下，如敲鼓状。
② 左手握拳，手背向外；右手五指张开，手背向外，向下碰一下左手虎口后向上移动。
③ 左手拇指、食指与右手相叠的食指、中指搭成"区"字形。

云龙区
① 右手五指成"匚"形，虎口朝内，在头前上方平行转动两下。
② 双手拇指、食指相捏，从鼻下向两侧斜前方拉出，表示龙的两条长须。
③ 左手拇指、食指与右手相叠的食指、中指搭成"区"字形。

贾汪区

① 双手拇指、食指成大圆形，虎口朝上，从上方向头部扣动两下。
② 左手拇指、食指与右手相叠的食指、中指搭成"区"字形。

泉山区

① 左手五指成半圆形，虎口朝上；右手五指撮合，指尖朝上，手背向外，边从左手虎口内伸出边张开一次。
② 右手拇指、食指、小指直立，手背向外，仿"山"字形。
③ 左手拇指、食指与右手相叠的食指、中指搭成"区"字形。

铜山区

① 左手握拳，虎口朝上；右手打手指字母"T"的指式，手腕砸一下左手虎口后向前移动，表示铜的声母。

② 右手拇指、食指、小指直立，手背向外，仿"山"字形。

③ 左手拇指、食指与右手相叠的食指、中指搭成"区"字形。

丰县

① 左手中指、无名指、小指横伸；右手食指置于左手三指中间，仿"丰"字形。

② 右手打手指字母"X"的指式，顺时针平行转动一圈。

沛县

① 右手横伸，掌心朝内，中指尖在左胸前点一下，再在右胸前点一下。

② 右手打手指字母"X"的指式，顺时针平行转动一圈。

睢宁县

① 左手拇指、食指成半圆形，虎口朝上；右手横立，切在左手虎口上，表示东西向淮河。
② 左手拇指、食指成半圆形，虎口朝上；右手侧立，切在左手虎口上，表示南北向京杭大运河。
③ 右手五指成"匚"形，指尖贴住颏部，再向上微翘。
④ 右手打手指字母"X"的指式，顺时针平行转动一圈。

新沂市

① 左手横伸；右手伸拇指，在左手背上从左向右划出。
② 双手拇指、食指相捏，指尖朝下，交替微移几下。
③ 双手食指直立，指面相对，从中间向两侧弯动，仿城垛形。

邳州市

① 右手横伸中指、无名指、小指，三指指尖先点一下左脸颊，再点一下右脸颊。

② 右手中指、无名指、小指分开，指尖朝下，手背向外，左手食指横伸，置于右手三指间，仿"州"字形。

③ 双手食指直立，指面相对，从中间向两侧弯动，仿城垛形。

5A 景区

云龙湖景区

① 右手五指成"匚"形，虎口朝内，在头前上方平行转动两下。

② 双手拇指、食指相捏，从鼻下向两侧斜前方拉出，表示龙的两条长须。

③ 左手拇指、食指成半圆形，虎口朝上；右手横伸，掌心向下，五指张开，边交替点动边在左手旁顺时针转动一圈。

④ 右手直立，掌心向内，从一侧向另一侧做弧形移动。

⑤ 左手拇指、食指与右手相叠的食指、中指搭成"区"字形。

4A 景区

户部山古民居

① 右手打手指字母"H"的指式，手背向外，绕嘴部转动两下，口微张。
② 右手拇指、食指、小指直立，手背向外，仿"山"字形。
③ 双手拇指、食指搭成"古"字形。
④ 左手食指与右手拇指、食指搭成"民"字的一部分，顺时针转动一圈。
⑤ 右手掌心贴于脸部，头微侧，闭眼，如睡觉状。

凤鸣海景区

① 右手拇指、食指相捏，其他三指直立分开，置于头顶，向前点动两下。
② 右手手背贴于嘴部，拇指、食指相捏再张开。

③ 双手平伸，掌心向下，五指张开，上下交替移动，表示起伏的波浪。

④ 右手直立，掌心向内，从一侧向另一侧做弧形移动。

⑤ 左手拇指、食指与右手相叠的食指、中指搭成"区"字形。

悬水湖景区

① 右手横伸，掌心向下，五指张开，边交替点动边向一侧移动；左手五指微曲，指尖朝下，搭在右手背上。

② 右手直立，掌心向内，从一侧向另一侧做弧形移动。

③ 左手拇指、食指与右手相叠的食指、中指搭成"区"字形。

睢宁水月禅寺景区

① 左手拇指、食指成半圆形，虎口朝上；右手横立，切在左手虎口上。

② 左手拇指、食指成半圆形，虎口朝上；右手侧立，切在左手虎口上。

③ 右手五指成"匚"形，指尖贴住颏部，再向上微翘。

④ 右手横伸，掌心向下，五指张开，边交替点动边向一侧移动。

⑤ 双手拇指、食指张开，指尖相对，虎口朝内，边从中间向两侧做弧形移动边相捏，如弯月状。

⑥ 双手合十。

⑦ 右手直立，掌心向内，从一侧向另一侧做弧形移动。

⑧ 左手拇指、食指与右手相叠的食指、中指搭成"区"字形。

督公湖旅游区

① 左手伸拇指，在前；右手伸拇指、食指、小指，在后上方，食指尖对着左手拇指。

② 双手拇指、食指搭成"公"字形，虎口朝外。

③ 左手拇指、食指成半圆形，虎口朝上；右手横伸，掌心向下，五指张开，边交替点动边在左手旁顺时针转动一圈。

④ 左手握拳；右手伸拇指、小指，小指在左手背上随意点几下，表示到世界各地旅游。

⑤ 左手拇指、食指与右手相叠的食指、中指搭成"区"字形。

徐州乐园景区

① 右手伸拇指、食指在上；左手伸拇指、食指在下；双手食指指尖朝右斜上方，同时弯曲两下。

② 双手横伸，掌心向上，在胸前同时向上移动一下，面带笑容。

③ 右手伸食指，指尖朝下划一大圈。
④ 右手直立，掌心向内，从一侧向另一侧做弧形移动。
⑤ 左手拇指、食指与右手相叠的食指、中指搭成"区"字形。

沛县微山湖千岛湿地景区

① 右手横伸，掌心朝内，中指尖在左胸前点一下，再在右胸前点一下。
② 右手打手指字母"X"的指式，顺时针平行转动一圈。
③ 左手拇指、食指、小指直立，手背向外，仿"山"字形；右手横伸，掌心向下，五指张开，边交替点动边在左手背下向一侧移动。
④ 右手伸食指，指尖朝前，书空"千"字形。

⑤ 左手横伸握拳，手背向上；右手横伸，掌心向下，五指张开，边绕左手转动边交替点动。

⑥ 双手拇指、中指相捏，手背向内，边上下交替移动边相捏几下。

⑦ 右手横伸，掌心向下，五指并拢，齐胸部从一侧向另一侧做大范围的弧形移动。

⑧ 右手直立，掌心向内，从一侧向另一侧做弧形移动。

⑨ 左手拇指、食指与右手相叠的食指、中指搭成"区"字形。

大洞山景区

① 双手侧立，掌心相对，同时向两侧移动，幅度要大些。

② 左手五指成"∩"形，虎口朝右；右手伸食指并拢，在左手下做弧形移动，仿洞口形状。

③ 右手拇指、食指、小指直立，手背向外，仿"山"字形。

④ 右手直立，掌心向内，从一侧向另一侧做弧形移动。

⑤ 左手拇指、食指与右手相叠的食指、中指搭成"区"字形。

蟠桃山景区

① 双手拇指指尖相抵，其他四指并拢并指尖相抵，虎口朝内，仿桃的形状。

② 右手拇指、食指、小指直立，手背向外，仿"山"字形。

③ 右手直立，掌心向内，从一侧向另一侧做弧形移动。

④ 左手拇指、食指与右手相叠的食指、中指搭成"区"字形。

龟山景区

① 右手伸拇指，指尖朝前；左手手背拱起，置于右手背上，右手伸拇指。

② 右手拇指、食指、小指直立，手背向外，仿"山"字形。

③ 右手直立，掌心向内，从一侧向另一侧做弧形移动。

④ 左手拇指、食指与右手相叠的食指、中指搭成"区"字形。

新沂窑湾古镇旅游区

① 左手横伸；右手伸拇指，在左手背上从左向右划出。

② 双手拇指、食指、中指相捏，指尖朝下，交替微移几下。

③ 左手伸拇指、小指，手背朝上；右手横伸，掌心向下，五指张开，边交替点动边绕左手逆时针转动一圈。

④ 双手拇指、食指搭成"古"字形。

⑤ 右手拇指、食指成圆形，指尖稍分开，虎口朝上，向下一顿。
⑥ 左手握拳；右手伸拇指、小指，小指在左手背上随意点几下，表示到世界各地旅游。
⑦ 左手拇指、食指与右手相叠的食指、中指搭成"区"字形。

邳州艾山景区

① 右手横伸中指、无名指、小指，三指指尖先点一下左脸颊，再点一下右脸颊。
② 右手中指、无名指、小指分开，指尖朝下，手背向外，左手食指横伸，置于右手三指间，仿"州"字形。
③ 左手食指横伸；右手食指、中指直立分开，掌心向外，贴于左手食指，然后边并拢边向下做"乂"形转动，掌心向内，仿"艾"字形。
④ 右手拇指、食指、小指直立，手背向外，仿"山"字形。

⑤ 右手直立，掌心向内，从一侧向
另一侧做弧形移动。
⑥ 左手拇指、食指与右手相叠的食
指、中指搭成"区"字形。

汉画像石艺术馆

① 右手五指张开，手背向外，在额
头上一抹，如流汗状。
② 左手横伸；右手五指撮合，指背
在左手掌心上抹一下。
③ 左手握拳；右手食指、中指弯
曲，以指背关节在左手背上敲
两下。
④ 右手打手指字母"Y"的指式。
⑤ 双手横伸，掌心向下，互拍手背。
⑥ 双手搭成"∧"形。

彭祖园景区

① 双手伸拇指、小指，虎口朝上，置于腰两侧，然后向斜下方移动，重复一次。

② 左手伸拇指，手背向外；右手食指直立，拇指尖按于食指根部，手背向外，置于左手旁，然后向上移动。

③ 右手伸食指，指尖朝下划一大圈。

④ 右手直立，掌心向内，从一侧向另一侧做弧形移动。

⑤ 左手拇指、食指与右手相叠的食指、中指搭成"区"字形。

汉文化景区

① 右手五指张开，手背向外，在额头上一抹，如流汗状。

② 右手五指撮合，指尖朝前，撇动一下，如执毛笔写字状。

③ 右手五指撮合，指尖朝上，边向上微移边张开。
④ 右手直立，掌心向内，从一侧向另一侧做弧形移动。
⑤ 左手拇指、食指与右手相叠的食指、中指搭成"区"字形。

新沂马陵山景区

① 左手横伸；右手伸拇指，在左手背上从左向右划出。
② 双手拇指、食指、中指相捏，指尖朝下，交替微移几下。
③ 右手四指合并，掌心向下，拇指置于鼻尖，其他四指向下点动一下。
④ 右手拇指、食指、小指直立，手背向外，仿"山"字形。

⑤ 右手直立，掌心向内，从一侧向另一侧做弧形移动。

⑥ 左手拇指、食指与右手相叠的食指、中指搭成"区"字形。

淮海战役烈士纪念塔

① 左手拇指、食指成半圆形，虎口朝上；右手横立，切在左手虎口上。

② 左手拇指、食指成半圆形，虎口朝上；右手侧立，切在左手虎口上。

③ 双手平伸，掌心向下，五指张开，上下交替移动，表示起伏的波浪。

④ 双手伸拇指、食指，食指尖朝上，掌心向内，小指下缘互碰一下。

⑤ 左手五指弯曲，虎口朝上；右手握拳，手背向外，从左手虎口处向上一举。

⑥ 右手伸拇指、小指，先直立，再向右转腕。

⑦ 右手打手指字母"J"的指式，碰一下前额。

⑧ 右手拍一下前额。

⑨ 双手伸拇指、食指、小指，手背向上，上下相叠，左手在下不动，右手向上一顿一顿移动几下。

常州市

① 右手食指、中指直立并拢，掌心向外，向太阳穴碰一下。
② 右手中指、无名指、小指分开，指尖朝下，手背向外；左手食指横伸，置于右手三指间，仿"州"字形。
③ 双手食指直立，指面相对，从中间向两侧弯动，仿城垛形。

行政区划

天宁区

① 右手食指直立，在头一侧上方转动一圈。

② 左手捏成圆形，掌心向上；右手伸食指、中指并拢，向左手五指指尖敲两下。

③ 左手拇指、食指与右手相叠的食指、中指搭成"区"字形。

钟楼区

① 左手五指弯曲，指尖朝下；右手拇指搭在弯曲的食指上，虎口朝内，在左手掌心下左右晃动两下，仿摇铃动作。

② 左手握拳，手背向外；右手五指张开，手背向外，向下碰一下左手虎口后向上移动。

③ 左手拇指、食指与右手相叠的食指、中指搭成"区"字形。

新北区

① 右手伸拇指、食指、小指，指尖朝斜前方，左右晃动几下。
② 双手伸拇指、食指、中指，手背向外，手腕交叉相搭，仿"北"字形。
③ 左手拇指、食指与右手相叠的食指、中指搭成"区"字形。

武进区

① 右手伸拇指、食指、中指，食指、中指并拢，指尖朝下，搭在腰间。
② 左手平伸；右手伸拇指、小指，小指尖抵于左手掌心，向前移动。
③ 左手拇指、食指与右手相叠的食指、中指搭成"区"字形。

金坛区

① 左手握拳，手背向上；右手拇指、食指相捏，指尖朝下，置于左手中指根部。
② 双手拇指、食指成大圆形，从下向上做弧形移动，仿坛子外形。
③ 左手拇指、食指与右手相叠的食指、中指搭成"区"字形。

溧阳市

① 右手横伸拇指、食指、中指，手背向外，置于胸前。
② 右手直立于右上方，五指撮合，指尖斜下，然后张开。
③ 双手食指直立，指面相对，从中间向两侧弯动，仿城垛形。

5A 景区

环球恐龙城休闲旅游区

① 左手握拳，手背向外；右手拇指、食指捏成圆形，虎口朝上，绕左拳转动一圈，表示环球绕圈。

② 双手五指弯曲，一上一下，指尖相抵，然后打开，头向上抬，面露狰狞的表情。

③ 双手拇指、食指、中指弯曲，交替向前挠动两下。

④ 双手食指直立，指面相对，从中间向两侧弯动，仿城垛形。

⑤ 双手交叉，手背向外，贴于胸部，表示休闲的意思。

⑥ 左手握拳；右手伸拇指、小指，小指在左手背上随意点几下，表示到世界各地旅游。

⑦ 左手拇指、食指与右手相叠的食指、中指搭成"区"字形。

天目湖景区

① 右手食指直立，在头一侧上方转
　动一圈。
② 左手食指直立；右手伸食指，指
　一下右眼。
③ 左手拇指、食指成半圆形，虎口
　朝上；右手横伸，掌心向下，五
　指张开，边交替点动边在左手旁
　顺时针转动一圈。
④ 右手直立，掌心向内，从一侧向
　另一侧做弧形移动。
⑤ 左手拇指、食指与右手相叠的食
　指、中指搭成"区"字形。

中国春秋淹城旅游区

① 右手伸食指，自咽喉部顺肩、胸部划至右腰部，以民族服装"旗袍"的前襟线表示中国。

② 左手握拳，手背向上；右手食指点一下左手食指根部关节。

③ 右手食指再点一下无名指根部关节。

④ 左手伸拇指、小指，指尖朝上；右手横立，掌心朝内，切一下左手拇指根部。

⑤ 右手继续再切一下左手小指根部。

⑥ 左手握拳；右手伸拇指、小指，小指在左手背上随意点几下，表示到世界各地旅游。

⑦ 左手拇指、食指与右手相叠的食指、中指搭成"区"字形。

4A 景区

花谷奇缘景区

① 双手五指撮合，指尖朝上，边向两边做弧形移动边连续开合。

② 右手拇指、食指相捏，置于鼻翼一侧，然后向前张开，面露惊奇的表情。

③ 右手直立，掌心向内，从一侧向另一侧做弧形移动。

④ 左手拇指、食指与右手相叠的食指、中指搭成"区"字形。

东方盐湖城 · 道天下景区

① 右手伸食指，在嘴两侧书写"八"，仿"东"字部分字形。

② 双手拇指、食指搭成"口"形。

③ 右手五指微曲，指尖朝内，置于嘴前，向下微动一下。

④ 左手拇指、食指成半圆形，虎口朝上；右手横伸，掌心向下，五指张开，边交替点动边在左手旁顺时针转动一圈。

⑤ 双手食指直立，指面相对，从中间向两侧弯动，仿城垛形。
⑥ 双手侧立，掌心相对，向前移动。
⑦ 右手食指直立，在头一侧上方转动一圈。
⑧ 右手伸食指，指尖朝下一指。
⑨ 右手直立，掌心向内，从一侧向另一侧做弧形移动。
⑩ 左手拇指、食指与右手相叠的食指、中指搭成"区"字形。

溧阳新四军江南指挥部纪念馆
① 右手横伸拇指、食指、中指，手背向外，置于胸前。
② 右手直立于右上方，五指撮合，指尖斜下，然后张开。

③ 右手伸拇指、食指、小指，指尖朝斜前方，左右晃动几下。

④ 右手食指、中指、无名指、小指横伸分开，手背向外，贴在左臂上。

⑤ 右手横伸，掌心向下，置于前额，表示军帽帽檐。

⑥ 双手食指、中指搭成"江"字形，右手中指微动几下。

⑦ 双手五指弯曲，食指、中指、无名指、小指指尖朝下，手腕向下转动一下。

⑧ 双手伸食指，指尖朝前，手背向上，前后交替移动两下，表示指挥的意思。

⑨ 右手打手指字母"B"的指式，表示机构名称。

⑩ 右手打手指字母"J"的指式，碰一下前额。

⑪ 右手拍一下前额。
⑫ 双手搭成"∧"形。

中华孝道园景区

① 左手拇指、食指与右手食指搭成"中"字形。
② 右手五指撮合，指尖朝上，边向上微移边张开。
③ 右手直立，掌心向右，小指外侧贴于胸部正中，向下移动。
④ 左手横伸；右手伸拇指，置于左手掌心上，然后左手向上抬至前额。
⑤ 右手伸食指，指尖朝下划一大圈。
⑥ 右手直立，掌心向内，从一侧向另一侧做弧形移动。

⑦ 左手拇指、食指与右手相叠的食指、中指搭成"区"字形。

环球动漫嬉戏谷景区

① 左手握拳，手背向外；右手拇指、食指捏成圆形，虎口朝上，绕左拳转动一圈，表示环球绕圈。
② 双手握拳屈肘，前后交替转动两下。
③ 左手侧立；右手平伸，掌心向下，在左手旁向下扇动两下。
④ 左手伸出五指，掌心向上；右手伸出拇指、食指、小指，放在左手掌心上，掌心从外向里转动半圈。
⑤ 右手直立，掌心向内，从一侧向另一侧做弧形移动。
⑥ 左手拇指、食指与右手相叠的食指、中指搭成"区"字形。

青枫公园

① 右手横立，掌心向内，食指、中指、无名指、小指并拢，在颏部从右向左摸一下。
② 右手直立，掌心左右相对，五指微曲，左右来回扇动。
③ 双手拇指、食指搭成"公"字形，虎口朝外。
④ 右手伸食指，指尖朝下划一大圈。

红梅公园

① 右手打手指字母"H"的指式，摸一下嘴唇。
② 左手食指横伸，手背向上；右手五指撮合，指尖朝上，置于左手食指上，边向指尖方向移动边连续做开合的动作，仿梅花形状。
③ 双手拇指、食指搭成"公"字形，虎口朝外。
④ 右手伸食指，指尖朝下划一大圈。

天宁禅寺

① 右手食指直立，在头一侧上方转动一圈。

② 左手五指捏成球形，手背向下；右手伸出食指、中指并拢，在左手五指处敲两下。

③ 双手合十。

苏州市

① 右手五指捏成球形，手背向下，左右微晃几下。
② 右手中指、无名指、小指分开，指尖朝下，手背向外；左手食指横伸，置于右手三指间，仿"州"字形。
③ 双手食指直立，指面相对，从中间向两侧弯动，仿城垛形。

行政区划

虎丘区

① 双手五指弯曲，指尖朝下，如兽爪，同时向前下方抓按两下。
② 左手拇指、食指与右手相叠的食指、中指搭成"区"字形。

吴中区

① 右手五指捏成球形，手背向下，左右微晃几下。
② 左手拇指、食指与右手食指搭成"中"字形。
③ 左手拇指、食指与右手相叠的食指、中指搭成"区"字形。

相城区

① 右手伸食指，指尖朝下，手腕贴于嘴部，然后向下移动，仿大象鼻子。

② 双手食指直立，指面相对，从中间向两侧弯动，仿城垛形。

③ 左手拇指、食指与右手相叠的食指、中指搭成"区"字形。

姑苏区

① 右手拇指、食指捏一下右耳垂。

② 右手五指捏成球形，手背向下，左右微晃几下。

③ 左手拇指、食指与右手相叠的食指、中指搭成"区"字形。

吴江区

① 右手五指捏成球形，手背向下，左右微晃几下。

② 双手食指、中指搭成"江"字形，右手中指微动几下。

③ 左手拇指、食指与右手相叠的食指、中指搭成"区"字形。

常熟市

① 右手食指、中指直立并拢，掌心向外，向太阳穴碰一下。

② 右手五指弯曲，掌心朝内，无名指、小指背向太阳穴碰一下。

③ 双手食指直立，指面相对，从中间向两侧弯动，仿城垛形。

张家港市

① 双手拇指、中指相捏，指尖朝下，微抖几下。
② 双手搭成"∧"形。
③ 左手横伸，掌心向上；右手打手指字母"ZH"的指式，小指向左手掌心碰一下。
④ 双手食指直立，指面相对，从中间向两侧弯动，仿城垛形。

昆山市

① 双手五指弯曲，指尖朝下，右手先搭在左手背上。
② 保持双手五指弯曲，指尖朝下，换左手搭在右手背上。
③ 右手拇指、食指、小指直立，手背向外，仿"山"字形。
④ 双手食指直立，指面相对，从中间向两侧弯动，仿城垛形。

太仓市

① 左手食指横伸，手背向外；右手伸食指，指尖朝前，在左手食指间书空"太"字形。

② 左手斜伸，掌心向右下方；右手拇指、食指成半圆形，虎口朝上，从后向前移入左手掌心下。

③ 双手食指直立，指面相对，从中间向两侧弯动，仿城垛形。

5A 景区

沙家浜·虞山尚湖旅游区

① 右手拇指、食指、中指相捏，指尖朝下，互捻几下。
② 双手搭成"∧"形。
③ 右手伸出拇指、食指、中指，食指、中指并拢，指尖朝下，搭在腰部右侧。
④ 右手五指微曲，指尖朝上，小指背向太阳穴碰一下。
⑤ 右手拇指、食指、小指直立，手背向外，仿"山"字形。
⑥ 双手合十。
⑦ 左手拇指、食指成半圆形，虎口朝上；右手横伸，掌心向下，五指张开，边交替点动边在左手旁顺时针转动一圈。
⑧ 左手握拳；右手伸拇指、小指，小指在左手背上随意点几下，表示到世界各地旅游。

⑨ 左手拇指、食指与右手相叠的食指、中指搭成"区"字形。

吴中太湖旅游区

① 右手五指捏成球形，手背向下，左右微晃几下。

② 左手拇指、食指与右手食指搭成"中"字形。

③ 左手食指横伸，手背向外；右手伸食指，指尖朝前，在左手食指间书空"太"字形。

④ 左手拇指、食指成半圆形，虎口朝上；右手横伸，掌心向下，五指张开，边交替点动边在左手旁顺时针转动一圈。

⑤ 左手握拳；右手伸拇指、小指，小指在左手背上随意点几下，表示到世界各地旅游。

⑥ 左手拇指、食指与右手相叠的食指、中指搭成"区"字形。

金鸡湖景区

① 左手握拳，手背向上；右手拇指、食指相捏，指尖朝下，置于左手中指根部。

② 右手手背贴于嘴部，拇指、食指先张开再相捏。

③ 左手拇指、食指成半圆形，虎口朝上；右手横伸，掌心向下，五指张开，边交替点动边在左手旁顺时针转动一圈。

④ 右手直立，掌心向内，从一侧向另一侧做弧形移动。

⑤ 左手拇指、食指与右手相叠的食指、中指搭成"区"字形。

同里古镇景区

① 右手食指、中指横伸分开，手背向上，向前移动一下。

② 左手横立；右手食指直立，在左手掌心内从上向下移动。

③ 双手拇指、食指搭成"古"字形。

④ 右手拇指、食指成圆形，指尖稍分开，虎口朝上，向下一顿。

⑤ 右手直立，掌心向内，从一侧向另一侧做弧形移动。

⑥ 左手拇指、食指与右手相叠的食指、中指搭成"区"字形。

周庄古镇景区

① 右手食指、中指横伸并拢，指面摸一下眉毛。

② 右手横立，掌心向内，在左手肘部向右划动一下。

③ 双手拇指、食指搭成"古"字形。

④ 右手拇指、食指成圆形，指尖稍分开，虎口朝上，向下一顿。

⑤ 右手直立，掌心向内，从一侧向另一侧做弧形移动。

⑥ 左手拇指、食指与右手相叠的食指、中指搭成"区"字形。

苏州园林景区

① 右手五指捏成球形，手背向下，左右微晃几下。

② 右手中指、无名指、小指分开，指尖朝下，手背向外；左手食指横伸，置于右手三指间，仿"州"字形。

③ 右手伸食指，指尖朝下划一大圈。

④ 双手拇指、食指成大圆形，虎口朝上，在不同位置连续向上移动几下，表示众多的树木。

⑤ 右手直立，掌心向内，从一侧向另一侧做弧形移动。

⑥ 左手拇指、食指与右手相叠的食指、中指搭成"区"字形。

4A 景区

黎里古镇

① 右手打手指字母"L"的指式，拇指尖抵于太阳穴，弯动大拇指一下。
② 右手打手指字母"L"的指式，拇指尖抵于太阳穴，前后转动一下。
③ 双手拇指、食指搭成"古"字形。
④ 右手拇指、食指成圆形，指尖稍分开，虎口朝上，向下一顿。

大阳山国家森林公园

① 双手侧立，掌心相对，同时向两侧移动，幅度要大些。
② 右手五指撮合，指尖朝下，然后张开。
③ 右手拇指、食指、小指直立，手背向外，仿"山"字形。
④ 右手打手指字母"G"的指式，顺时针平行转动一圈。

⑤ 双手搭成"∧"形。

⑥ 双手拇指、食指成大圆形，虎口朝上，在不同位置连续向上移动几下，表示众多的树木。

⑦ 双手拇指、食指搭成"公"字形，虎口朝外。

⑧ 右手伸食指，指尖朝下划一大圈。

张家港暨阳湖生态旅游区

① 双手拇指、中指相捏，指尖朝下，微抖几下。

② 双手搭成"∧"形。

③ 左手横伸，掌心向上；右手打手指字母"ZH"的指式，小指向左手掌心碰一下。

④ 右手食指弯曲，中节指指背向上，虎口朝内。

⑤ 右手五指撮合，指尖朝下，然后张开。

⑥ 左手拇指、食指成半圆形，虎口朝上；右手横伸，掌心向下，五指张开，边交替点动边在左手旁顺时针转动一圈。

⑦ 右手拇指、中指相捏，边碰向左胸部边张开。

⑧ 双手拇指、食指分别呈"└ ┘"形，置于脸颊两侧，上下交替动两下。

⑨ 左手握拳；右手伸拇指、小指，小指在左手背上随意点几下，表示到世界各地旅游。

⑩ 左手拇指、食指与右手相叠的食指、中指搭成"区"字形。

常熟梅李聚沙园景区

① 右手五指弯曲，掌心朝内，无名指、小指背向太阳穴碰两下。

② 左手食指横伸，手背向上；右手五指撮合，指尖朝上，置于左手食指上，边向指尖方向移动边连续做开合的动作，仿梅花形状。

③ 右手拇指、食指弯曲，指尖朝
内，抵于颏部，表示姓氏"李"。
④ 双手直立，掌心左右相对，五指
微曲，从两侧向中间移动。
⑤ 右手拇指、食指、中指相捏，指
尖朝下，互捻几下。
⑥ 右手伸食指，指尖朝下划一大圈。
⑦ 右手直立，掌心向内，从一侧向
另一侧做弧形移动。
⑧ 左手拇指、食指与右手相叠的食
指、中指搭成"区"字形。

太仓沙溪古镇景区

① 左手食指横伸，手背向外；右手
伸食指，指尖朝前，在左手食指
间书空"太"字形。
② 左手斜伸，掌心向右下方；右手
拇指、食指成半圆形，虎口朝
上，从后向前移入左手掌心下。

③ 右手拇指、食指、中指相捏，指尖朝下，互捻几下。

④ 双手侧立，掌心相对，相距窄些，向前做曲线形移动。

⑤ 双手拇指、食指搭成"古"字形。

⑥ 右手拇指、食指成圆形，指尖稍分开，虎口朝上，向下一顿。

⑦ 右手直立，掌心向内，从一侧向另一侧做弧形移动。

⑧ 左手拇指、食指与右手相叠的食指、中指搭成"区"字形。

天池山景区

① 右手食指直立，在头一侧上方转动一圈。

② 左手拇指、食指成半圆形，虎口朝上；右手横伸，掌心向下，五指张开，边交替点动边在左手旁顺时针转动一圈。

③ 右手拇指、食指、小指直立，手背向外，仿"山"字形。
④ 右手直立，掌心向内，从一侧向另一侧做弧形移动。
⑤ 左手拇指、食指与右手相叠的食指、中指搭成"区"字形。

吴江震泽古镇景区

① 右手五指捏成球形，手背向下，左右微晃几下。
② 双手食指、中指搭成"江"字形，右手中指微动几下。
③ 双手平伸，掌心向下，五指张开，左右晃动几下，身体随之摇晃。
④ 右手食指、中指直立分开，食指尖外侧贴于下唇，然后向左转动90度，手背向外。

⑤ 双手拇指、食指搭成"古"字形。

⑥ 右手拇指、食指成圆形，指尖稍
　分开，虎口朝上，向下一顿。

⑦ 右手直立，掌心向内，从一侧向
　另一侧做弧形移动。

⑧ 左手拇指、食指与右手相叠的食
　指、中指搭成"区"字形。

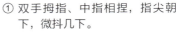

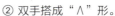

张家港香山景区

① 双手拇指、中指相捏，指尖朝
　下，微抖几下。

② 双手搭成"∧"形。

③ 左手横伸，掌心向上；右手打手
　指字母"ZH"的指式，小指向
　左手掌心碰一下。

④ 右手拇指、食指在鼻孔前捻动，
　然后伸出拇指，面露欣赏的表情。

⑤ 右手拇指、食指、小指直立，手背向外，仿"山"字形。

⑥ 右手直立，掌心向内，从一侧向另一侧做弧形移动。

⑦ 左手拇指、食指与右手相叠的食指、中指搭成"区"字形。

中国刺绣艺术馆

① 右手伸食指，自咽喉部顺肩、胸部划至右腰部，以民族服装"旗袍"的前襟线表示中国。

② 双手拇指、食指如捏针状，做刺绣的动作。

③ 右手打手指字母"Y"的指式。

④ 双手横伸，掌心向下，互拍手背。

⑤ 双手搭成"∧"形。

上方山国家森林公园

① 右手食指直立，向上一指。

② 双手拇指、食指搭成"口"形。

③ 右手拇指、食指、小指直立，手背向外，仿"山"字形。

④ 右手打手指字母"G"的指式，顺时针平行转动一圈。

⑤ 双手搭成"∧"形。

⑥ 双手拇指、食指成大圆形，虎口朝上，在不同位置连续向上移动几下，表示众多的树木。

⑦ 双手拇指、食指搭成"公"字形，虎口朝外。

⑧ 右手伸食指，指尖朝下划一大圈。

天平山景区

① 右手食指直立，在头一侧上方转动一圈。

② 左手横伸；右手平伸，掌心向下，在左手背上向右移动。

③ 右手拇指、食指、小指直立，手背向外，仿"山"字形。

④ 右手直立，掌心向内，从一侧向另一侧做弧形移动。

⑤ 左手拇指、食指与右手相叠的食指、中指搭成"区"字形。

常熟蒋巷乡村旅游景区

① 右手食指、中指直立并拢，掌心向外，向太阳穴碰一下。

② 右手五指弯曲，掌心朝内，无名指、小指背向太阳穴碰一下。

③ 双手伸食指、中指，手背向外，在太阳穴一侧交叉相搭。

④ 双手侧立，掌心相对，向前移动。

⑤ 双手五指弯曲，掌心向下，一前一后，向后移动两下。

⑥ 双手搭成"∧"形，顺时针平行转动一圈。

⑦ 左手握拳；右手伸拇指、小指，小指在左手背上随意点几下，表示到世界各地旅游。

⑧ 右手直立，掌心向内，从一侧向另一侧做弧形移动。

⑨ 左手拇指、食指与右手相叠的食指、中指搭成"区"字形。

太湖国家湿地公园

① 左手食指横伸，手背向外；右手伸食指，指尖朝前，在左手食指间书空"太"字形。

② 左手拇指、食指成半圆形，虎口朝上；右手横伸，掌心向下，五指张开，边交替点动边在左手旁顺时针转动一圈。

③ 右手打手指字母"G"的指式，顺时针平行转动一圈。

④ 双手搭成"∧"形。

⑤ 双手拇指、中指相捏，手背向内，边上下交替移动边相捏几下。

⑥ 右手横伸，掌心向下，五指并拢，齐胸部从一侧向另一侧做大范围的弧形移动。

⑦ 双手拇指、食指搭成"公"字形，虎口朝外。
⑧ 右手伸食指，指尖朝下划一大圈。

张家港凤凰山风景区

① 双手拇指、中指相捏，指尖朝下，微抖几下。
② 双手搭成"∧"形。
③ 左手横伸，掌心向上；右手打手指字母"ZH"的指式，小指向左手掌心碰一下。
④ 右手拇指、食指相捏，其他三指直立分开，置于头顶，向前点动两下。
⑤ 左手拇指、食指相捏，其他三指直立分开，指尖朝前；右手拇指弯回，贴于掌心，其他四指分开，自左手向后做曲线形移动。
⑥ 右手拇指、食指、小指直立，手背向外，仿"山"字形。

⑦ 双手直立，掌心左右相对，五指微曲，左右来回扇动。
⑧ 右手直立，掌心向内，从一侧向另一侧做弧形移动。
⑨ 左手拇指、食指与右手相叠的食指、中指搭成"区"字形。

平江历史街区

① 左手横伸；右手平伸，掌心向下，在左手背上向右移动。
② 双手侧立，掌心相对，相距窄些，向前做曲线形移动。
③ 双手伸拇指、小指，指尖朝上，交替向肩后转动。
④ 双手侧立，掌心相对，向前移动。

⑤ 左手拇指、食指与右手相叠的食指、中指搭成"区"字形。

七里山塘景区

① 右手拇指、食指、中指相捏，指尖朝斜前方，虎口朝斜后方。
② 左手横立；右手食指直立，在左手掌心内从上向下移动。
③ 右手拇指、食指、小指直立，手背向外，仿"山"字形。
④ 右手食指指腮部，同时用舌顶起腮部，表示嘴里含着的糖。
⑤ 右手直立，掌心向内，从一侧向另一侧做弧形移动。
⑥ 左手拇指、食指与右手相叠的食指、中指搭成"区"字形。

昆山千灯古镇游览区

① 双手五指弯曲，指尖朝下，右手先搭在左手背上，再换左手搭在右手背上。

② 右手拇指、食指、小指直立，手背向外，仿"山"字形。

③ 右手伸食指，指尖朝前，书空"千"字形。

④ 右手五指撮合，指尖朝下，然后张开。

⑤ 双手拇指、食指搭成"古"字形。

⑥ 右手拇指、食指成圆形，指尖稍分开，虎口朝上，向下一顿。

⑦ 右手伸拇指、小指，在胸前顺时针转动一圈。

⑧ 左手拇指、食指与右手相叠的食指、中指搭成"区"字形。

御窑金砖博物馆

① 右手手腕贴于前额，五指微曲，指尖朝下。

② 左手五指微曲，掌心向下，虎口朝右；右手五指微曲，指尖朝上，在左手下面，上下微动几下。

③ 左手握拳，手背向上；右手拇指、食指相捏，指尖朝下，置于左手中指根部。

④ 双手五指各成"匚"形，虎口朝内，交替上叠，模仿垒砖的动作。

⑤ 双手直立，掌心向内，置于面前，从中间向两侧一顿一顿移动几下。

⑥ 双手搭成"∧"形。

常熟方塔古迹名胜区

① 右手食指、中指直立并拢，掌心向外，向太阳穴碰一下。

② 右手五指弯曲，掌心朝内，无名指、小指背向太阳穴碰一下。

③ 双手拇指、食指搭成"口"。

④ 双手伸拇指、食指、小指,手背向上,上下相叠,左手在下不动,右手向上一顿一顿移动几下。

⑤ 双手拇指、食指搭成"古"字形。

⑥ 右手中指、无名指、小指横伸分开,指尖朝耳部点一下,手背向外。

⑦ 右手直立,掌心向内,从一侧向另一侧做弧形移动。

⑧ 左手拇指、食指与右手相叠的食指、中指搭成"区"字形。

白马涧生态园

① 右手五指弯曲,掌心向外,指尖弯动两下,表示上下牙齿。

② 双手握拳,虎口朝内,左手在前,右手在后,仿骑马持缰动作。

③ 右手横伸，掌心向下，伸食指、中指置于嘴前，边交替点动边向一侧移动。

④ 右手拇指、中指相捏，边碰向左胸部边张开。

⑤ 双手拇指、食指分别呈"凵凵"形，置于脸颊两侧，上下交替动两下。

⑥ 右手伸食指，指尖朝下划一大圈。

寒山寺

① 双手握拳屈肘，小臂颤动几下，如哆嗦状，表示冷。

② 右手拇指、食指、小指直立，手背向外，仿"山"字形。

③ 双手合十。

昆山锦溪古镇

① 双手五指弯曲，指尖朝下，右手先搭在左手背上，再换左手搭在右手背上。

② 右手拇指、食指、小指直立，手背向外，仿"山"字形。

③ 右手拇指、食指、中指相捏，指尖朝左，互捻几下。

④ 双手侧立，掌心相对，相距窄些，向前做曲线形移动。

⑤ 双手拇指、食指搭成"古"字形。

⑥ 右手拇指、食指成圆形，指尖稍分开，虎口朝上，向下一顿。

昆山亭林园

① 双手五指弯曲，指尖朝下，右手先搭在左手背上，再换左手搭在右手背上。

② 右手拇指、食指、小指直立，手背向外，仿"山"字形。

③ 双手搭成"∧"形，然后左右分开并伸出拇指、小指，指尖朝上，仿宫殿翘起的飞檐。
④ 双手拇指、食指成大圆形，虎口朝上，在不同位置连续向上移动几下，表示众多的树木。
⑤ 右手伸食指，指尖朝下划一大圈。

吴江静思园

① 右手五指捏成球形，手背向下，左右微晃几下。
② 双手食指、中指搭成"江"字形，右手中指微动几下。
③ 右手横伸，掌心向下，自胸部向下一按。
④ 右手伸食指，在太阳穴前后转动两圈，面露思考的表情。

⑤ 右手伸食指，指尖朝下划一大圈。

西山景区

① 左手拇指、食指成"匚"形，虎口朝内；右手食指、中指直立分开，手背向内，贴于左手拇指，仿"西"字部分字形。

② 右手拇指、食指、小指直立，手背向外，仿"山"字形。

③ 右手直立，掌心向内，从一侧向另一侧做弧形移动。

④ 左手拇指、食指与右手相叠的食指、中指搭成"区"字形。

木渎古镇

① 右手伸拇指、食指，掌心向内，置于鼻梁，向下一顿。
② 双手平伸，掌心向上，同时向右上方移出。
③ 双手拇指、食指搭成"古"字形。
④ 右手拇指、食指成圆形，指尖稍分开，虎口朝上，向下一顿。

盘门景区

① 右手伸拇指、食指、中指，指尖朝下，模仿打算盘的动作。
② 双手并排直立，掌心向外，五指并拢。
③ 右手直立，掌心向内，从一侧向另一侧做弧形移动。
④ 左手拇指、食指与右手相叠的食指、中指搭成"区"字形。

网师园

① 双手五指张开，手背向外，交叉相搭，向两侧斜下方移动。
② 双手五指弯曲，从头两侧向下划，仿雄狮头部的鬃毛。
③ 右手伸食指，指尖朝下划一大圈。

狮子林

① 双手五指弯曲，从头两侧向下划，仿雄狮头部的鬃毛。
② 右手打手指字母"Z"的指式。
③ 双手拇指、食指成大圆形，虎口朝上，在不同位置连续向上移动几下，表示众多的树木。

用直古镇游览区

① 右手拇指、食指成"∠"形，在太阳穴，仿角。

② 双手拇指、食指搭成"古"字形。

③ 右手拇指、食指成圆形，指尖稍分开，虎口朝上，向下一顿。

④ 右手伸拇指、小指，在胸前顺时针转动一圈。

⑤ 左手拇指、食指与右手相叠的食指、中指搭成"区"字形。

南通市

① 左手五指成"匚"形，虎口朝内；右手横伸，五指并拢，指
  尖朝左，从左手虎口中部向前划动两下。
② 双手食指直立，指面相对，从中间向两侧弯动，仿城垛形。

行政区划

崇川区

① 右手打手指字母"CH"的指式。
② 右手中指、无名指、小指分开，指尖朝下，手背向外，仿"川"字形。
③ 左手拇指、食指与右手相叠的食指、中指搭成"区"字形。

通州区

① 双手食指横伸，指尖相对，手背向外，从两侧向中间交错移动。
② 右手中指、无名指、小指分开，指尖朝下，手背向外；左手食指横伸，置于右手三指间，仿"州"字形。
③ 左手拇指、食指与右手相叠的食指、中指搭成"区"字形。

海门区

① 双手平伸，掌心向下，五指张开，上下交替移动，表示起伏的波浪。
② 双手并排直立，掌心向外，五指并拢。
③ 左手拇指、食指与右手相叠的食指、中指搭成"区"字形。

如东县

① 右手伸拇指、食指，掌心向内，食指指尖抵于太阳穴。
② 右手握拳，拳心向前，置于肩前。
③ 右手打手指字母"X"的指式，顺时针平行转动一圈。

启东市

① 右手拇指尖抵于前额，食指、中指直立并拢，弯动两下。
② 双手食指直立，指面相对，从中间向两侧弯动，仿城垛形。

如皋市

① 右手五指成"匚"形，虎口朝内，手背贴于左颊下，轻捏几下。
② 双手食指直立，指面相对，从中间向两侧弯动，仿城垛形。

海安市

① 双手平伸，掌心向下，五指张开，上下交替移动，表示起伏的波浪。
② 右手横伸，掌心向下，自胸部向下一按。
③ 双手食指直立，指面相对，从中间向两侧弯动，仿城垛形。

5A 景区

濠河景区

① 右手伸拇指，指尖置于鼻尖下，然后左右晃动一下。

② 双手侧立，掌心相对，相距窄些，向前做曲线形移动。

③ 右手直立，掌心向内，从一侧向另一侧做弧形移动。

④ 左手拇指、食指与右手相叠的食指、中指搭成"区"字形。

4A 景区

洲际绿博园

① 右手食指、中指、无名指、小指分开，指尖朝下，手背向外；左手食指横伸，置于右手四指间，仿"洲"字形。

② 双手横伸，掌心向下，左手在后不动，右手向后碰一下左手。

③ 左手食指、中指、无名指、小指并拢，指尖朝右上方，手背向外；右手五指向上捋一下左手四指。

④ 双手直立，掌心向内，置于面前，从中间向两侧一顿一顿移动几下。

⑤ 右手伸食指，指尖朝下划一大圈。

啬园景区

① 左手侧立；右手伸食指，指尖朝下，在左手旁划一大圈。

② 右手直立，掌心向内，从一侧向另一侧做弧形移动。

③ 左手拇指、食指与右手相叠的食指、中指搭成"区"字形。

海门叠石桥国际家纺园景区

① 双手平伸,掌心向下,五指张开,上下交替移动,表示起伏的波浪。
② 双手并排直立,掌心向外,五指并拢。
③ 双手横伸,掌心向下,交替向上移动,一手掌心与另一手手背相贴。
④ 左手握拳;右手食指、中指弯曲,以指背关节在左手背上敲两下。
⑤ 双手食指、中指微曲分开,指尖相对,指背向上,从中间向两侧下方做弧形移动。
⑥ 左手握拳,手背向上;右手五指微曲张开,从后向前绕左拳转动半圈。

⑦ 双手搭成"∧"形。

⑧ 左手平伸，手背向上，五指张开；右手五指张开，指尖朝下，插入左手各指指缝间，前后移动两下，模仿织布的动作。

⑨ 右手伸食指，指尖朝下划一大圈。

⑩ 右手直立，掌心向内，从一侧向另一侧做弧形移动。

⑪ 左手拇指、食指与右手相叠的食指、中指搭成"区"字形。

中国工农红军第十四军纪念馆景区

① 右手伸食指，自咽喉部顺肩、胸部划至右腰部，以民族服装"旗袍"的前襟线表示中国。

② 左手食指、中指与右手食指搭成"工"字形。

 ③

 ④

 ⑤

 ⑥

 ⑦

 ⑧

 ⑨

 ⑩

③ 双手五指弯曲，掌心向下，一前一后，向后移动两下。

④ 右手打手指字母"H"的指式，摸一下嘴唇。

⑤ 右手横伸，掌心向下，置于前额，表示军帽帽檐。

⑥ 左手伸拇指；右手伸食指，先碰一下左手拇指，再向上移动直立，表示"1"，然后食指、中指、无名指、小指直立分开，表示"4"。

⑦ 右手横伸，掌心向下，置于前额，表示军帽帽檐。

⑧ 右手打手指字母"J"的指式，碰一下前额。

⑨ 右手拍一下前额。

⑩ 双手搭成"∧"形。

⑪ 右手直立，掌心向内，从一侧向
另一侧做弧形移动。
⑫ 左手拇指、食指与右手相叠的食
指、中指搭成"区"字形。

如皋水绘园风景区

① 右手五指成"匚"形，虎口朝内，
手背贴于左颊下，轻捏几下。
② 双手食指、中指、无名指直立，
指尖相抵，然后左右分开，仿宫
殿翘起的飞檐。
③ 右手伸食指，指尖朝下划一大圈。
④ 双手直立，掌心左右相对，五指
微曲，左右来回扇动。
⑤ 右手直立，掌心向内，从一侧向
另一侧做弧形移动。
⑥ 左手拇指、食指与右手相叠的食
指、中指搭成"区"字形。

狼山名胜风景区

① 右手五指弯曲，指尖对着嘴部，然后边向外移动边撮合成尖形，仿尖长的狼嘴。

② 右手拇指、食指、小指直立，手背向外，仿"山"字形。

③ 右手中指、无名指、小指横伸分开，指尖朝耳部点一下，手背向外。

④ 右手直立，掌心向内，从一侧向另一侧做弧形移动。

⑤ 左手拇指、食指与右手相叠的食指、中指搭成"区"字形。

海门张謇故里景区

① 双手平伸，掌心向下，五指张开，上下交替移动，表示起伏的波浪。

② 双手并排直立，掌心向外，五指并拢。

③ 右手伸食指，指尖抵于右腮。

④ 右手打手指字母"J"的指式。

⑤ 右手直立，掌心向内，向肩后挥动一下。

⑥ 双手五指张开，手背向上，交叉相搭。

⑦ 右手直立，掌心向内，从一侧向另一侧做弧形移动。

⑧ 左手拇指、食指与右手相叠的食指、中指搭成"区"字形。

森林野生动物园

① 双手拇指、食指成大圆形，虎口朝上，在不同位置连续向上移动几下，表示众多的树木。

② 右手拇指、中指相捏，边碰向左胸部边张开。

③ 双手握拳屈肘，前后交替转动两下。

④ 双手食指指尖朝前，手背向上，先互碰一下，再分开并张开五指。

⑤ 右手伸食指，指尖朝下划一大圈。

连云港市

① 双手拇指、食指套环。
② 左手侧立；右手平伸，掌心朝下，靠向左手虎口，然后翻转掌心朝上，掌心凹进仿船形，靠向左手掌心。
③ 双手食指直立，指面相对，从中间向两侧弯动，仿城垛形。

行政区划

连云区
① 双手拇指、食指套环。
② 右手五指成"匚"形，虎口朝内，在头前上方平行转动两下。
③ 左手拇指、食指与右手相叠的食指、中指搭成"区"字形。

海州区
① 双手平伸，掌心向下，五指张开，上下交替移动。
② 右手中指、无名指、小指分开，指尖朝下，手背向外；左手食指横伸，置于右手三指间，仿"州"字形。
③ 左手拇指、食指与右手相叠的食指、中指搭成"区"字形。

赣榆区

① 左手食指、中指与右手食指搭成"干"字形，右手食指向下移动。

② 左手食指、中指横伸分开，掌心向内；右手伸食指，在左手两指上书空"亅"，仿"于"字形。

③ 左手拇指、食指与右手相叠的食指、中指搭成"区"字形。

东海县

① 右手伸食指，在嘴两侧书写"八"，仿"东"字部分字形。

② 双手平伸，掌心向下，五指张开，上下交替移动，表示起伏的波浪。

③ 右手打手指字母"X"的指式，顺时针平行转动一圈。

灌云县

① 左手五指成半圆形，虎口朝上；右手伸拇指，小指，拇指尖朝下，移入左手虎口内。

② 右手五指成"匚"形，虎口朝内，在头前上方平行转动两下。

③ 右手打手指字母"X"的指式，顺时针平行转动一圈。

灌南县

① 左手五指成半圆形，虎口朝上；右手伸拇指、小指，拇指尖朝下，移入左手虎口内。

② 右手五指并拢，指尖朝下，掌心向左，置于身前正中。

③ 右手打手指字母"X"的指式，顺时针平行转动一圈。

5A 景区

花果山风景区

① 右手手腕翻转，五指并拢，指面向下，小指外侧贴于前额，模仿猴的动作；也用于表示"孙悟空"和"花果山"。

② 双手直立，掌心左右相对，五指微曲，左右来回扇动。

③ 右手直立，掌心向内，从一侧向另一侧做弧形移动。

④ 左手拇指、食指与右手相叠的食指、中指搭成"区"字形。

连岛旅游度假区

① 双手拇指、食指套环。

② 左手横伸握拳，手背向上；右手横伸，掌心向下，五指张开，边绕左手转动边交替点动。

③ 左手握拳；右手伸拇指、小指，小指在左手背上随意点几下，表示到世界各地旅游。

④ 双手交叉，手背向外，贴于胸部。

⑤ 左手拇指、食指与右手相叠的食指、中指搭成"区"字形。

4A 景区

东海西双湖景区

① 右手伸食指，在嘴两侧书写"八"，仿"东"字部分字形。

② 双手平伸，掌心向下，五指张开，上下交替移动，表示起伏的波浪。

③ 左手拇指、食指成"匚"形，虎口朝内；右手食指、中指直立分开，手背向内，贴于左手拇指，仿"西"字部分字形。

④ 左手五指微曲，虎口朝上；右手食指、中指直立分开，在左手掌心内从上向下移动。

⑤ 左手拇指、食指成半圆形，虎口朝上；右手横伸，掌心向下，五指张开，边交替点动边在左手旁顺时针转动一圈。

⑥ 右手直立，掌心向内，从一侧向另一侧做弧形移动。

⑦ 左手拇指、食指与右手相叠的食指、中指搭成"区"字形。

桃花涧景区

① 双手拇指指尖相抵，其他四指并拢并指尖相抵，虎口朝内，仿桃的形状。
② 右手五指撮合，指尖朝上，然后张开。
③ 左手拇指、食指、小指直立，手背向外；右手五指张开，沿左手背向下移动。
④ 右手直立，掌心向内，从一侧向另一侧做弧形移动。
⑤ 左手拇指、食指与右手相叠的食指、中指搭成"区"字形。

灌南二郎神文化遗迹公园

① 左手五指成半圆形，虎口朝上；右手伸拇指、小指，拇指尖朝下，移入左手虎口内。
② 右手五指并拢，指尖朝下，掌心向左，置于身前正中。

③ 右手食指、中指横伸分开，手背向外。

④ 右手拇指、食指张开，指尖向外，虎口朝外，边从前额中间向两侧做弧形移动边相捏，如二郎神的竖眼。

⑤ 双手食指、中指相叠，指尖朝前，一前一后，边向前移动边钻动一下。

⑥ 右手五指撮合，指尖朝前，撇动一下。

⑦ 右手五指撮合，指尖朝上，边向上微移边张开。

⑧ 右手直立，掌心向内，向肩后挥动一下。

⑨ 左手横伸；右手横立，掌心向内，置于左手背上，然后向下一按。

⑩ 双手拇指、食指搭成"公"字形，虎口朝外。

⑪ 右手伸食指，指尖朝下划一大圈。

海上云台山景区

① 双手平伸，掌心向下，五指张开，上下交替移动，表示起伏的波浪。

② 右手食指直立，向上一指。

③ 右手五指成"匚"形，虎口朝内，在头前上方平行转动两下。

④ 右手伸拇指、小指，指尖朝上，拇指尖抵于颏部。

⑤ 右手拇指、食指、小指直立，手背向外，仿"山"字形。

⑥ 右手直立，掌心向内，从一侧向另一侧做弧形移动。

⑦ 左手拇指、食指与右手相叠的食
　指、中指搭成"区"字形。

大伊山景区

① 右手拇指、食指弯曲，虎口朝
　上，置于脸部。
② 双手合十。
③ 右手拇指、食指、小指直立，手
　背向外，仿"山"字形。
④ 右手直立，掌心向内，从一侧向
　另一侧做弧形移动。
⑤ 左手拇指、食指与右手相叠的食
　指、中指搭成"区"字形。

渔湾风景区

① 左手抓住右手的大拇指；右手横立，手背向外，其余四指扇动几下。

② 双手直立，掌心左右相对，五指微曲，左右来回扇动。

③ 右手直立，掌心向内，从一侧向另一侧做弧形移动。

④ 左手拇指、食指与右手相叠的食指、中指搭成"区"字形。

孔望山风景区

① 双手斜伸，掌心向内，右手五指握住左手食指、中指、无名指、小指。

② 右手食指、中指分开，指尖朝前，手背向上，在面前转动。

③ 右手拇指、食指、小指直立，手背向外，仿"山"字形。

④ 双手直立，掌心左右相对，五指微曲，左右来回扇动。

⑤ 右手直立，掌心向内，从一侧向另一侧做弧形移动。

⑥ 左手拇指、食指与右手相叠的食指、中指搭成"区"字形。

淮安市

① 左手拇指、食指成半圆形，虎口朝上；右手横立，切在左手虎口上，表示东西向淮河。
② 左手拇指、食指成半圆形，虎口朝上；右手侧立，切在左手虎口上，表示南北向京杭大运河。
③ 右手横伸，掌心向下，自胸部向下一按。
④ 双手食指直立，指面相对，从中间向两侧弯动，仿城垛形。

行政区划

淮安区

① 左手拇指、食指成半圆形，虎口朝上；右手横立，切在左手虎口上，表示东西向淮河。
② 左手拇指、食指成半圆形，虎口朝上；右手侧立，切在左手虎口上，表示南北向京杭大运河。
③ 右手横伸，掌心向下，自胸部向下一按。
④ 左手拇指、食指与右手相叠的食指、中指搭成"区"字形。

淮阴区

① 左手拇指、食指成半圆形，虎口朝上；右手横立，切在左手虎口上，表示东西向淮河。
② 左手拇指、食指成半圆形，虎口朝上；右手侧立，切在左手虎口上，表示南北向京杭大运河。
③ 右手伸小指，指尖朝上，在右前上方转动一圈。
④ 左手拇指、食指与右手相叠的食指、中指搭成"区"字形。

清江浦区

① 左手横伸；右手平伸，掌心向下，贴于左手掌心，边向左手指尖方向移动边收拢除拇指外的四指。

② 双手食指、中指搭成"江"字形，右手中指微动几下。

③ 右手打手指字母"P"的指式。

④ 左手拇指、食指与右手相叠的食指、中指搭成"区"字形。

洪泽区

① 右手打手指字母"H"的指式，手背向外，摸一下嘴唇。

② 右手食指、中指直立相叠，指尖外侧贴于下唇，掌心向外转到向内。

③ 左手拇指、食指与右手相叠的食指、中指搭成"区"字形。

涟水县

① 右手中指、无名指、小指侧立分开，指尖向上，中指指尖轻触嘴唇向下一按。
② 右手横伸，掌心向下，五指张开，边交替点动边向一侧移动。
③ 右手打手指字母"X"的指式，顺时针平行转动一圈。

盱眙县

① 右手五指弯曲，指尖向腹部碰两下。
② 右手打手指字母"X"的指式，顺时针平行转动一圈。

金湖县

① 左手握拳，手背向上；右手拇指、食指相捏，指尖朝下，置于左手中指根部。

② 左手拇指、食指成半圆形，虎口朝上；右手横伸，掌心向下，五指张开，边交替点动边在左手旁顺时针转动一圈。

③ 右手打手指字母"X"的指式，顺时针平行转动一圈。

5A 景区

周恩来故里旅游景区

① 右手食指、中指横伸并拢，指面摸一下眉毛。

② 右手直立，掌心向内，向肩后挥动一下。

③ 双手五指张开，手背向上，交叉相搭。

④ 左手握拳；右手伸拇指、小指，小指在左手背上随意点几下，表示到世界各地旅游。

⑤ 右手直立，掌心向内，从一侧向另一侧做弧形移动。

⑥ 左手拇指、食指与右手相叠的食指、中指搭成"区"字形。

········· 4A 景区 ·········

金湖水上森林

① 左手握拳，手背向上；右手拇指、食指相捏，指尖朝下，置于左手中指根部。

② 左手拇指、食指成半圆形，虎口朝上；右手横伸，掌心向下，五指张开，边交替点动边在左手旁顺时针转动一圈。

③ 右手横伸，掌心向下，五指张开，边交替点动边向一侧移动。

④ 双手拇指、食指成大圆形，虎口朝上，在不同位置连续向上移动几下，表示众多的树木。

西游记文化体验园

① 右手手腕翻转，五指并拢，指面向下，小指外侧贴于前额，模仿猴的动作。

② 右手五指撮合，指尖朝前，撇动一下，如执毛笔写字状。

③ 右手五指撮合，指尖朝上，边向上微移边张开。

④ 双手横伸，掌心向上，在胸前同时向上移动两下，面带笑容。

⑤ 右手伸食指，指尖朝下划一大圈。

金湖荷花荡景区

① 左手握拳，手背向上；右手拇
指、食指相捏，指尖朝下，置于
左手中指根部。
② 左手拇指、食指成半圆形，虎口
朝上；右手横伸，掌心向下，五
指张开，边交替点动边在左手旁
顺时针转动一圈。
③ 左手食指直立；右手五指微曲，
指尖朝上，手背置于左手食指尖
上，仿荷花外形。
④ 右手直立，掌心向内，从一侧向
另一侧做弧形移动。
⑤ 左手拇指、食指与右手相叠的食
指、中指搭成"区"字形。

洪泽湖古堰景区

① 右手打手指字母"H"的指式，手背向外，摸一下嘴唇。

② 右手食指、中指直立相叠，指尖外侧贴于下唇，掌心向外转到向内。

③ 左手拇指、食指成半圆形，虎口朝上；右手横伸，掌心向下，五指张开，边交替点动边在左手旁顺时针转动一圈。

④ 双手拇指、食指搭成"古"字形。

⑤ 左手侧立；右手平伸，掌心向下，五指张开，边交替点动边向左手移动。

⑥ 右手直立，掌心向内，从一侧向另一侧做弧形移动。

⑦ 左手拇指、食指与右手相叠的食指、中指搭成"区"字形。

刘老庄连纪念园景区

① 右手伸拇指、小指，指尖朝外，左右晃动几下，表示姓氏"刘"。
② 右手五指弯曲，食指、中指、无名指、小指指背贴于脸颊，从上向下移动，表示脸上的皱纹。
③ 左手平伸；右手五指并拢，指尖朝下，手背向外，置于左手掌心上。
④ 右手打手指字母"J"的指式，碰一下前额。
⑤ 右手拍一下前额。
⑥ 右手伸食指，指尖朝下划一大圈。
⑦ 右手直立，掌心向内，从一侧向另一侧做弧形移动。
⑧ 左手拇指、食指与右手相叠的食指、中指搭成"区"字形。

里运河文化长廊景区

① 左手横立；右手食指直立，在左手掌心内从上向下移动。

② 双手横伸，掌心上下相对，向一侧移动一下。

③ 双手侧立，掌心相对，相距窄些，向前做曲线运动。

④ 右手五指撮合，指尖朝前，撇动一下，如执毛笔写字状。

⑤ 右手五指撮合，指尖朝上，向上微移动张开。

⑥ 双手食指直立，指面相对，从中间向两侧拉开。

⑦ 双手搭成"∧"形，从内向外移动。

⑧ 右手直立，掌心向内，从一侧向另一侧做弧形移动。

⑨ 左手拇指、食指与右手相叠的食
　指、中指搭成"区"字形。

吴承恩故居景区

① 右手五指捏成球形，手背向下，
　左右微晃几下，表示姓氏"吴"。
② 双手平伸，掌心向上，边向内移
　动边握拳。
③ 双手伸拇指，向前弯动两下。
④ 右手直立，掌心向内，向肩后挥
　动一下。
⑤ 双手搭成"∧"形。
⑥ 右手直立，掌心向内，从一侧向
　另一侧做弧形移动。

⑦ 左手拇指、食指与右手相叠的食指、中指搭成"区"字形。

中国漕运博物馆景区

① 右手伸食指，自咽喉部顺肩、胸部划至右腰部，以民族服装"旗袍"的前襟线表示中国。

② 右手拇指、食指微张，在嘴角处前后微转几下。

③ 双手横伸，掌心上下相对，向一侧移动一下。

④ 双手直立，掌心向内，置于面前，从中间向两侧一顿一顿移动几下。

⑤ 双手搭成"∧"形。

⑥ 右手直立，掌心向内，从一侧向另一侧做弧形移动。

⑦ 左手拇指、食指与右手相叠的食
  指、中指搭成"区"字形。

淮安府署景区

① 左手拇指、食指成半圆形，虎口
  朝上；右手横立，切在左手虎口
  上，表示东西向淮河。
② 左手拇指、食指成半圆形，虎口
  朝上；右手侧立，切在左手虎口
  上，表示南北向京杭大运河。
③ 右手横伸，掌心向下，自胸部向
  下一按。
④ 双手横立、掌心向内，指尖抵于
  太阳穴两侧，并上下晃动两下，
  表示古代官员。
⑤ 左手平伸；右手平伸，从上向
  下，拍在左手掌心上。
⑥ 右手直立，掌心向内，从一侧向
  另一侧做弧形移动。

⑦ 左手拇指、食指与右手相叠的食
指、中指搭成"区"字形。

古淮河文化生态景区

① 双手拇指、食指搭成"古"字形。
② 左手拇指、食指成半圆形，虎口
朝上；右手横立，切在左手虎口
上，表示东西向淮河。
③ 双手侧立，掌心相对，相距窄
些，向前做曲线形移动。
④ 右手五指撮合，指尖朝前，撇动
一下，如执毛笔写字状。
⑤ 右手五指撮合，指尖朝上，边向
上微移边张开。
⑥ 右手拇指、中指相捏，边碰向左
胸部边张开。

⑦ 双手拇指、食指成"∟⌐"形，置于脸颊两侧，上下交替动两下。

⑧ 右手直立，掌心向内，从一侧向另一侧做弧形移动。

⑨ 左手拇指、食指与右手相叠的食指、中指搭成"区"字形。

盱眙铁山寺国家森林公园

① 右手五指弯曲，指尖向腹部碰两下。

② 左手握拳，虎口朝上；右手打手指字母"T"的指式，手腕砸一下左手虎口后向前移动。

③ 右手拇指、食指、小指直立，手背向外，仿"山"字形。

④ 双手合十。

⑤ 右手打手指字母"G"的指式，
顺时针平行转动一圈。

⑥ 双手搭成"∧"形。

⑦ 双手拇指、食指成大圆形，虎口
朝上，在不同位置连续向上移动
几下，表示众多的树木。

⑧ 双手拇指、食指搭成"公"字
形，虎口朝外。

⑨ 右手伸食指，指尖朝下划一大圈。

白马湖生态旅游景区

① 右手五指弯曲，掌心向外，指尖弯动两下，表示上下牙齿。

② 右手食指、中指直立并拢，虎口贴于太阳穴，向前微动两下，仿马的耳朵。

③ 左手拇指、食指成半圆形，虎口朝上；右手横伸，掌心向下，五指张开，边交替点动边在左手旁顺时针转动一圈。

④ 右手拇指、中指相捏，边碰向左胸部边张开。

⑤ 双手拇指、食指成 "∟⌐" 形，置于脸颊两侧，上下交替动两下。

⑥ 左手握拳；右手伸拇指、小指，小指在左手背上随意点几下，表示到世界各地旅游。

⑦ 右手直立，掌心向内，从一侧向另一侧做弧形移动。

⑧ 左手拇指、食指与右手相叠的食指、中指搭成 "区" 字形。

明祖陵景区

① 头微偏，右手食指抵于太阳穴，然后向外移动，头转正。

② 左手伸拇指，手背向外；右手食指直立，手背向外，置于左手旁，然后向上移动。

③ 左手伸拇指、小指，指尖向上；右手五指微曲，掌心向下，置于左手上。

④ 右手直立，掌心向内，从一侧向另一侧做弧形移动。

⑤ 左手拇指、食指与右手相叠的食指、中指搭成"区"字形。

盐城市

① 右手五指微曲，指尖朝内，置于嘴前，向下微动一下。

② 双手食指直立，指面相对，从中间向两侧弯动，仿城垛形，表示"城"。

③ 双手食指直立，指面相对，从中间向两侧弯动，仿城垛形，也可以表示"市"。

行政区划

亭湖区

① 右手五指成"∠"形，虎口朝内，置于头部右侧，然后边向右侧移动边撮合，变成手指字母"T"的指式。
② 左手拇指、食指成半圆形，虎口朝上；右手横伸，掌心向下，五指张开，边交替点动边在左手旁顺时针转动一圈。
③ 左手拇指、食指与右手相叠的食指、中指搭成"区"字形。

盐都区

① 右手五指微曲，指尖朝内，置于嘴前，向下微动一下。
② 双手五指微曲，指尖左右相对，然后向下做弧形移动，手腕靠拢。
③ 左手拇指、食指与右手相叠的食指、中指搭成"区"字形。

大丰区

① 双手侧立，掌心相对，同时向两侧移动，幅度要大些。

② 左手中指、无名指、小指横伸；右手食指置于左手三指中间，仿"丰"字形。

③ 左手拇指、食指与右手相叠的食指、中指搭成"区"字形。

响水县

① 右手拇指、中指先相捏，然后在右耳旁弹两下。

② 右手横伸，掌心向下，五指张开，边交替点动边向一侧移动，表示水。

③ 右手打手指字母"X"的指式，顺时针平行转动一圈。

滨海县

① 右手横伸，掌心向下，置于前额。
② 双手平伸，掌心向下，五指张开，上下交替移动，表示起伏的波浪。
③ 右手打手指字母"X"的指式，顺时针平行转动一圈。

阜宁县

① 左手食指与右手拇指、食指搭成"民"字的一部分，由上到下打两次，仿"阜"字的上半部分。
② 右手打手指字母"X"的指式，顺时针平行转动一圈。

射阳县

① 左手拇指、食指搭成半圆形，虎口朝上；右手拇指、食指先相捏，然后弹动一下，从内向外拉动一下（仿射箭动作）。
② 右手五指撮合，指尖朝下，然后张开，表示阳光的意思。

③ 右手打手指字母"X"的指式，顺时针平行转动一圈。

建湖县

① 双手拇指、食指搭成圆形，虎口朝上，从下向上做弧形移动。
② 左手拇指、食指成半圆形，虎口朝上；右手横伸，掌心向下，五指张开，边交替点动边在左手旁顺时针转动一圈。
③ 右手打手指字母"X"的指式，顺时针平行转动一圈。

东台市

① 右手侧立，打手指字母"T"的指式，食指指尖在脸颊从左到右各碰一下。
② 双手食指直立，指面相对，从中间向两侧弯动，仿城垛形。

5A 景区

大丰中华麋鹿园景区

① 双手侧立，掌心相对，同时向两侧移动，幅度要大些。
② 左手中指、无名指、小指横伸；右手食指置于左手三指中间，仿"丰"字形。
③ 左手拇指、食指与右手食指搭成"中"字形。
④ 右手五指撮合，指尖朝上，然后张开。
⑤ 双手五指张开，拇指尖抵于头两侧，掌心向上，仿麋鹿的角。
⑥ 右手伸食指，指尖朝下划一大圈。
⑦ 右手直立，掌心向内，从一侧向另一侧做弧形移动。
⑧ 左手拇指、食指与右手相叠的食指、中指搭成"区"字形。

4A 景区

东台安丰古镇

① 右手侧立，打手指字母"T"的指式，食指指尖在脸颊从左到右各碰一下。

② 右手横伸，掌心向下，自胸部向下一按。

③ 左手中指、无名指、小指横伸；右手食指置于左手三指中间，仿"丰"字形。

④ 双手拇指、食指搭成"古"字形。

⑤ 右手拇指、食指成圆形，指尖稍分开，虎口朝上，向下一顿。

九龙口景区

① 右手食指弯曲，中节指指背向上，虎口朝内。

② 双手拇指、食指相捏，从鼻下向两侧斜前方拉出，表示龙的两条长须。

③ 右手伸食指，沿嘴部转动一圈，口张开。
④ 右手直立，掌心向内，从一侧向另一侧做弧形移动。
⑤ 左手拇指、食指与右手相叠的食指、中指搭成"区"字形。

东台黄海森林公园景区

① 右手侧立，打手指字母"T"的指式，食指指尖在脸颊从左到右各碰一下。
② 右手五指微曲，掌心向上，晃动几下。
③ 双手平伸，掌心向下，五指张开，上下交替移动，表示起伏的波浪。
④ 双手拇指、食指成大圆形，虎口朝上，在不同位置连续向上移动几下，表示众多的树木。

⑤ 双手拇指、食指搭成"公"字形，虎口朝外。
⑥ 右手伸食指，指尖朝下划一大圈。
⑦ 右手直立，掌心向内，从一侧向另一侧做弧形移动。
⑧ 左手拇指、食指与右手相叠的食指、中指搭成"区"字形。

丹顶鹤湿地生态旅游区

① 右手打手指字母"H"的指式，摸一下嘴唇。
② 右手手背拱起，指尖朝后，置于头顶。
③ 右手拇指、食指张开，指尖对着嘴部，边向前下方移动边相捏，表示鹤的长嘴。
④ 双手拇指、中指相捏，指尖朝前，边交替上下移动边相捏几下。

⑤ 右手横伸，掌心向下，五指并拢，齐胸部从一侧向另一侧做大范围的弧形移动。

⑥ 右手拇指、中指相捏，边向左胸部碰边张开。

⑦ 双手拇指、食指成"∟」"形，置于脸颊两侧，上下交替动两下。

⑧ 左手握拳；右手伸拇指、小指，小指在左手背上随意点几下，表示到世界各地旅游。

⑨ 左手拇指、食指与右手相叠的食指、中指搭成"区"字形。

大丰荷兰花海景区

① 双手侧立，掌心相对，同时向两侧移动，幅度要大些。

② 左手中指、无名指、小指横伸；右手食指置于左手三指中间，仿"丰"字形。

③ 双手五指成"∠"形，虎口朝内，置于头两侧，然后边向两侧下方移动边撮合。

④ 双手五指撮合，指尖朝上，然后张开。

⑤ 双手平伸，掌心向下，五指张开，上下交替移动。

⑥ 右手直立，掌心向内，从一侧向另一侧做弧形移动。

⑦ 左手拇指、食指与右手相叠的食指、中指搭成"区"字形。

东台天仙缘景区

① 右手侧立，打手指字母"T"的指式，食指指尖在脸颊从左到右各碰一下。

② 左手五指微曲，指尖朝上；右手伸拇指、小指，指尖朝左，手背向外，置于左手上，双手同时从上向下移动。

③ 右手直立，掌心向内，从一侧向另一侧做弧形移动。
④ 左手拇指、食指与右手相叠的食指、中指搭成"区"字形。

大丰上海知青纪念馆

① 双手侧立，掌心相对，同时向两侧移动，幅度要大些。
② 左手中指、无名指、小指横伸；右手食指置于左手三指中间，仿"丰"字形。
③ 双手伸小指，一上一下相互勾住。
④ 右手伸食指，点一下太阳穴。
⑤ 右手横立，掌心向内，食指、中指、无名指、小指并拢，在颏部从右向左摸一下。
⑥ 右手打手指字母"J"的指式，碰一下前额。

⑦ 右手拍一下前额。
⑧ 双手搭成"∧"形。

射阳县息心寺景区

① 左手拇指、食指搭成半圆形，虎口朝上；右手拇指、食指先相捏，然后弹动一下，从内向外拉动一下。
② 右手五指撮合，指尖朝下，然后张开，表示阳光的意思。
③ 右手打手指字母"X"的指式，顺时针平行转动一圈。
④ 双手交叉，手背向外，贴于胸部，表示休息的意思。
⑤ 双手拇、食指张开，手背向外，指尖相抵，置于胸前，仿心形。
⑥ 双手合十。

⑦ 右手直立，掌心向内，从一侧向另一侧做弧形移动。

⑧ 左手拇指、食指与右手相叠的食指、中指搭成"区"字形。

阜宁金沙湖旅游景区

① 左手食指与右手拇指、食指搭成"民"字的一部分，由上到下打两次，仿"阜"字的上半部分。

② 左手握拳，手背向上；右手拇指、食指相捏，指尖朝下，置于左手中指根部。

③ 右手拇指、食指、中指相捏，指尖朝下，互捻几下。

④ 左手拇指、食指成半圆形，虎口朝上；右手横伸，掌心向下，五指张开，边交替点动边在左手旁顺时针转动一圈。

⑤ 左手握拳；右手伸拇指、小指，小指在左手背上随意点几下，表示到世界各地旅游。

⑥ 右手直立，掌心向内，从一侧向另一侧做弧形移动。

⑦ 左手拇指、食指与右手相叠的食指、中指搭成"区"字形。

盐城新四军纪念馆

① 右手五指微曲，指尖朝内，置于嘴前，向下微动一下。
② 双手食指直立，指面相对，从中间向两侧弯动，仿城垛形。
③ 右手伸拇指、食指、小指，指尖朝斜前方，左右晃动几下。
④ 右手食指、中指、无名指、小指横伸分开，手背向外，在左臂上碰一下，仿新四军的臂章。
⑤ 右手横伸，掌心向下，置于前额，表示军帽帽檐。
⑥ 右手打手指字母"J"的指式，碰一下前额。

⑦ 右手拍一下前额。
⑧ 双手搭成"∧"形。

大纵湖旅游景区

① 双手五指张开，指尖相抵，虎口朝外，食指弯曲。
② 左手拇指、食指成半圆形，虎口朝上；右手横伸，掌心向下，五指张开，边交替点动边在左手旁顺时针转动一圈。
③ 左手握拳；右手伸拇指、小指，小指在左手背上随意点几下，表示到世界各地旅游。
④ 右手直立，掌心向内，从一侧向另一侧做弧形移动。
⑤ 左手拇指、食指与右手相叠的食指、中指搭成"区"字形。

海盐历史文化风景区

① 双手平伸，掌心向下，五指张开，上下交替移动，表示起伏的波浪。

② 右手五指微曲，指尖朝内，置于嘴前，向下微动一下。

③ 双手伸拇指、小指，指尖朝上，交替向肩后转动。

④ 右手五指撮合，指尖朝前，撇动一下，如执毛笔写字状。

⑤ 右手五指撮合，指尖朝上，边向上微移边张开。

⑥ 双手直立，掌心左右相对，五指微曲，左右来回扇动。

⑦ 右手直立，掌心向内，从一侧向另一侧做弧形移动。

⑧ 左手拇指、食指与右手相叠的食指、中指搭成"区"字形。

扬州市

① 左手食指直立；右手腕置于左手食指尖，五指张开，指尖朝下，左右晃动两下。

② 右手中指、无名指、小指分开，指尖朝下，手背向外；左手食指横伸，置于右手三指间，仿"州"字形。

③ 双手食指直立，指面相对，从中间向两侧弯动，仿城垛形。

行政区划

广陵区

① 右手平伸，掌心向上，向腰部右侧碰一下。
② 右手打字母手指"L"的指式。
③ 左手拇指、食指与右手相叠的食指、中指搭成"区"字形。

邗江区

① 右手斜伸，掌心向内，掌心贴在下巴，向上移动两下。
② 左手拇指、食指与右手相叠的食指、中指搭成"区"字形。

江都区

① 右手横伸，手背向外，拇指、中指成半圆形，指尖朝鼻翼两侧碰两下。
② 左手拇指、食指与右手相叠的食指、中指搭成"区"字形。

宝应县

① 左手横伸，掌心向上；右手食指横伸，拇指贴在食指上，手背向外，砸向左手掌心。

② 右手食指、中指横伸，手背向上，贴在颏部下交替点动。

③ 右手打手指字母"X"的指式，顺时针平行转动。

仪征市

① 左手食指、中指相叠，伸拇指，虎口朝上；右手伸拇、食指，虎口朝上，双手指尖相对，互碰两下。

② 双手食指直立，指面相对，从中间向两侧弯动，仿城垛形。

高邮市

① 右手横伸，掌心向下，向上移过头顶。

② 左手横伸，掌心向上；右手伸食指、中两指并拢，指尖向左手掌心碰一下。

③ 双手食指直立，指面相对，从中间向两侧弯动，仿城垛形。

5A 景区

瘦西湖风景区

① 右手五指夹住脸颊两侧，边向下移动边收拢。

② 右手伸食指，指尖朝左。

③ 左手拇指、食指成半圆形，虎口朝上；右手横伸，掌心向下，五指张开，边交替点动边在左手旁顺时针转动一圈。

④ 双手直立，掌心左右相对，五指微曲，左右来回扇动。

⑤ 右手直立，掌心向内，从一侧向另一侧做弧形移动。

⑥ 左手拇指、食指与右手相叠的食指、中指搭成"区"字形。

4A 景区

运河三湾风景区

① 双手横伸，掌心上下相对，向一侧移动一下。

② 双手侧立，掌心相对，相距窄些，向前做曲线形移动。

③ 右手横伸中指、无名指、小指分开。

④ 右手侧立，做曲线形移动。

⑤ 双手直立，掌心左右相对，五指微曲，左右来回扇动。

⑥ 右手直立，掌心向内，从一侧向另一侧做弧形移动。

⑦ 左手拇指、食指与右手相叠的食指、中指搭成"区"字形。

汉陵苑

① 右手五指张开，中指微向内，贴于额头上一抹。

② 左手伸拇指、小指，指尖朝上；右手五指张开，手背拱起，置于左手上。

③ 右手伸食指，指尖朝下划一大圈。

宋夹城景区

① 右手打手指字母"S"的指式，指尖抵于颊部。
② 左手横立，掌心向内；右手伸食指、中指夹着左手掌背两侧。
③ 双手食指直立，指面相对，从中间向两侧弯动，仿城垛形。
④ 右手直立，掌心向内，从一侧向另一侧做弧形移动。
⑤ 左手拇指、食指与右手相叠的食指、中指搭成"区"字形。

高邮孟城驿景区

① 右手横伸，掌心向下，向上移过头顶。

② 左手横伸，掌心向上；右手伸食指、中指，两指并拢，指尖向左手掌心碰一下。

③ 左手伸拇指，指尖朝上，右手伸食指、中指，夹着左手拇指背，模仿骑马动作。

④ 双手食指直立，指面相对，从中间向两侧弯动，仿城垛形。

⑤ 双手交叉，手背向外，贴于胸部，表示休息的意思。

⑥ 右手直立，掌心向内，从一侧向另一侧做弧形移动。

⑦ 左手拇指、食指与右手相叠的食指、中指搭成"区"字形。

东关历史文化旅游区

① 右手伸食指，在嘴两侧书写
　"八"，仿"东"字部分字形。
② 双手直立，掌心向外，从两侧向
　中间移动并互碰。
③ 双手伸拇指、小指，指尖朝上，
　交替向肩后转动。
④ 右手五指撮合，指尖朝前，撇动
　一下，如持毛笔写字状。
⑤ 右手五指撮合，指尖朝上，边向
　上微移边张开。
⑥ 左手握拳；右手伸拇指、小指，
　小指在左手背上随意点几下，表
　示到世界各地旅游。
⑦ 左手拇指、食指与右手相叠的食
　指、中指搭成"区"字形。

茱萸湾景区

① 右手伸拇指、食指、中指，指尖朝上，贴于太阳穴。

② 右手侧立，手背向外，在前做弧形移动。

③ 右手直立，掌心向内，从一侧向另一侧做弧形移动。

④ 左手拇指、食指与右手相叠的食指、中指搭成"区"字形。

邵伯古镇

① 右手打手指字母"SH"的指式。

② 右手打手指字母"B"的指式，掌心向外，置于颊部一侧。

③ 双手拇指、食指搭成"古"字形。

④ 右手拇指、食指成圆形，指尖稍分开，虎口朝上，向下一顿。

何园

① 右手打手指字母"H"的指式。
② 右手伸食指，指尖朝下划一大圈。

个园

① 左手伸拇指、食指，虎口朝外，与右手食指搭成"个"字形。
② 右手伸食指，指尖朝下划一大圈。

大明寺

① 双手侧立，掌心相对，同时向两侧移动，幅度要大些。
② 头微偏，右手食指抵于太阳穴，然后向外移动，头转正。
③ 双手合十。

仪征捺山地质公园

① 左手食指、中指相叠，伸拇指，虎口朝上；右手伸拇指、食指，虎口朝上，双手指尖相对，互碰两下。

② 右手伸食指，指尖朝前，书空"乀"。

③ 右手拇指、食指、小指直立，手背向外，仿"山"字形。

④ 右手伸食指，指尖朝下一指。

⑤ 左手握拳；右手食指、中指横伸，指背交替弹左手背。

⑥ 双手拇指、食指搭成"公"字形，虎口朝外。

⑦ 右手伸食指，指尖朝下划一大圈。

镇江市

① 双手拇指、食指成"∟」"形，虎口向上，置于胸前，然后同时上下移动两次。

② 双手食指直立，指面相对，从中间向两侧弯动，仿城垛形。

行政区划

京口区

① 右手打手指字母"J"的指式。

② 右手伸食指，沿嘴部转动一圈，口张开。

③ 左手拇指、食指与右手相叠的食指、中指搭成"区"字形。

润州区

① 右手打手指字母"R"的指式。

② 右手中指、无名指、小指分开，指尖朝下，手背向外，左手食指横伸，置于右手三指间，仿"州"字形。

③ 左手拇指、食指与右手相叠的食指、中指搭成"区"字形。

丹徒区

① 右手伸食指、中指，指尖朝下，拇指搭于食指、中指间。

② 右手食指、中指分开，指尖朝下，交替向前移动。

③ 左手拇指、食指与右手相叠的食指、中指搭成"区"字形。

丹阳市

① 右手伸食指、中指，指尖朝下，拇指搭于食指、中指间。

② 右手五指撮合，指尖朝下，然后张开，表示阳光的意思。

③ 双手食指直立，指面相对，从中间向两侧弯动，仿城垛形。

扬中市

① 左手食指直立；右手腕置于左手食指尖，五指张开，指尖朝下，左右晃动一下。
② 左手拇指、食指与右手食指搭成"中"字形。
③ 双手食指直立，指面相对，从中间向两侧弯动，仿城垛形。

句容市

① 左手握拳，虎口朝内；右手横伸，掌心朝内，在左拳前方，上下移动两次。
② 双手食指直立，指面相对，从中间向两侧弯动，仿城垛形。

5A 景区

句容茅山风景区

① 左手握拳，虎口向内；右手横伸，掌心朝内，在左手拳前方，上下移动两次。

② 左手横伸；右手五指在左手背上轻捋一下，如摸毛絮状。

③ 右手拇指、食指、小指直立，手背向外，仿“山”字形。

④ 双手直立，掌心左右相对，五指微曲，左右来回扇动。

⑤ 右手直立，掌心向内，从一侧向另一侧做弧形移动。

⑥ 左手拇指、食指与右手相叠的食指、中指搭成“区”字形。

金山·焦山·北固山景区

① 左手握拳，手背向上；右手拇指、食指相捏，指尖朝下，置于左手中指根部。

② 右手拇指、食指、小指直立，手背向外，仿"山"字形。

③ 左手五指微曲张开，掌心朝下，放在右手背上；右手五指张开，掌心朝下，五指交替点动。

④ 右手拇指、食指、小指直立，手背向外，仿"山"字形。

⑤ 双手五指弯曲，指尖朝上相对，双手腕靠近，交替平行转动两下。

⑥ 右手拇指、食指、小指直立，手背向外，仿"山"字形。

⑦ 右手直立，掌心向内，从一侧向另一侧做弧形移动。

⑧ 左手拇指、食指与右手相叠的食指、中指搭成"区"字形。

4A 景区

中国米芾书法公园

① 右手伸食指，自咽喉部顺肩、胸部划至右腰部，以民族服装"旗袍"的前襟线表示中国。
② 右手拇指、小指捏住，在嘴角处前后微转一下。
③ 双手斜伸，掌心向内，右手五指握住左手食指、中指、无名指、小指。
④ 右手如执毛笔写字状。
⑤ 双手拇指、食指搭成"公"字形，虎口朝外。
⑥ 右手伸食指，指尖朝下划一大圈。

中国镇江醋文化博物馆

① 右手伸食指，自咽喉部顺肩、胸部划至右腰部，以民族服装"旗袍"的前襟线表示中国。

② 双手拇指、食指成"凵凵"形，虎口向上，置于胸前，然后同时上下移动两次。

③ 右手食指直立，在鼻翼一侧向上移动一下，同时耸鼻。

④ 右手五指撮合，指尖朝前，撇动一下，如执毛笔写字状。

⑤ 右手五指撮合，指尖朝上，边向上微移边张开。

⑥ 双手直立，掌心向内，置于面前，从中间向两侧一顿一顿移动几下。

⑦ 双手搭成"∧"形。

西津渡历史文化街区

① 右手伸食指弯曲，在右眼睑下点一下。

② 双手拇指、食指成大圆形，虎口朝上，从下到上移动两下，仿西津渡昭关石塔造型。

③ 双手伸拇指、小指，指尖朝上，交替向肩后转动。

④ 右手五指撮合，指尖朝前，撇动一下，如执毛笔写字状。

⑤ 右手五指撮合，指尖朝上，边向上微移边张开。

⑥ 双手侧立，掌心相对，向前移动。

⑦ 左手拇指、食指与右手相叠的食指、中指搭成"区"字形。

南山风景名胜区

① 双手五指弯曲，食指、中指、无名指、小指指尖朝下，手腕向下转动一下。

② 右手拇指、食指、小指直立，手背向外，仿"山"字形。

③ 右手中指、无名指、小指横伸分开，指尖朝耳部点一下，手背向外。

④ 右手直立，掌心向内，从一侧向另一侧做弧形移动。

⑤ 左手拇指、食指与右手相叠的食指、中指搭成"区"字形。

宝华山国家森林公园

① 双手五指张开微曲，虎口相对，边向两边移动边微微撮合，仿元宝形。

② 右手五指撮合，指尖朝上，边向上微移边张开。

③ 右手拇指、食指、小指直立，手背向外，仿"山"字形。

④ 右手打手指字母"G"的指式，顺时针平行转动一圈。

⑤ 双手搭成"∧"形。

⑥ 双手拇指、食指成大圆形，虎口朝上，在不同位置连续向上移动几下，表示众多的树木。

⑦ 双手拇指、食指搭成"公"字形，虎口朝外。

⑧ 右手伸食指，指尖朝下划一大圈。

泰州市

① 右手五指成"L"形,虎口贴于嘴边,口张开。

② 右手中指、无名指、小指分开,指尖朝下,手背向外;左手食指横伸,置于右手三指间,仿"州"字形。

③ 双手食指直立,指面相对,从中间向两侧弯动,仿城垛形。

行政区划

海陵区

① 双手平伸，掌心向下，五指张开，自右向左交替移动，表示起伏的波浪。
② 右手打字母手指"Y"的指式，手背向外，贴于颊部。
③ 左手拇指、食指与右手相叠的食指、中指搭成"区"字形。

高港区

① 右手横伸，掌心向下，向上移过头顶。
② 左手平伸，掌心朝右；右手平伸，掌心朝上，移向左手掌心并相碰。
③ 左手拇指、食指与右手相叠的食指、中指搭成"区"字形。

姜堰区
① 右手五指弯曲，仿姜的外形。
② 左手平伸，掌心朝右；右手横伸，掌心向下，五指张开，边交替点动边向左手掌心移动。
③ 左手拇指、食指与右手相叠的食指、中指搭成"区"字形。

兴化市
① 右手拇指、中指相捏，在头部右侧弹两下。
② 双手食指直立，指面相对，从中间向两侧弯动，仿城垛形。

靖江市

① 右手伸食指，在眼部下方从左到右各点一下。
② 左手伸拇指、小指，手背向外；右手伸食指、中指，指尖立于左手小指上。
③ 双手食指直立，指面相对，从中间向两侧弯动，仿城垛形。

泰兴市

① 右手拇指、中指相捏，再在颊部右侧弹两下。
② 双手食指直立，指面相对，从中间向两侧弯动，仿城垛形。

5A 景区

姜堰溱湖旅游景区

① 右手五指弯曲，仿姜的外形。

② 左手侧立；右手平伸，掌心向下，五指张开，边交替点动边向左手移动。

③ 双手拇指、中指相捏，手背向内，边上下交替移动边相捏几下。

④ 左手拇、食指成半圆形，虎口朝上；右手横伸，掌心向下，五指张开，边交替点动边在左手旁顺时针转动一圈。

⑤ 左手握拳；右手伸拇指、小指，小指在左手背上随意点几下，表示到世界各地旅游。

⑥ 右手直立，掌心向内，从一侧向另一侧做弧形移动。

⑦ 左手拇指、食指与右手相叠的食指、中指搭成"区"字形。

4A 景区

稻河景区

① 右手拇指、食指微张，相距约一粒米大小，在左手食指尖处点动两下，如稻穗上的一粒粒稻子。
② 双手侧立，掌心相对，相距窄些，向前做曲线形移动。
③ 右手直立，掌心向内，从一侧向另一侧做弧形移动。
④ 左手拇指、食指与右手相叠的食指、中指搭成"区"字形。

高港口岸雕花楼景区

① 右手横伸，掌心向下，向上移过头顶。
② 左手侧立，掌心朝右；右手平伸，掌心朝上，置于左手掌心上。
③ 右手伸食指，沿嘴部转动一圈，口张开。
④ 左手横伸，掌心向下；右手食指、中指、无名指、小指并拢，指尖朝下，沿左小臂向指尖方向划动一下。

⑤ 左手搭成半圆形，虎口朝上；右手伸食指、中指并拢，在左手虎口内划动一下，如雕刻状。

⑥ 右手五指撮合，指尖朝上，然后张开。

⑦ 双手搭成"∧"形，然后左右分开变成手指字母"T"的指式，掌心相对。

⑧ 右手直立，掌心向内，从一侧向另一侧做弧形移动。

⑨ 左手拇指、食指与右手相叠的食指、中指搭成"区"字形。

秋雪湖生态景区

① 左手握拳，手背朝前；右手食指点一下左手无名指根部关节。

② 双手平伸，掌心向下，五指张开，边交替点动边向斜下方缓缓下降，如雪花飘落状。

③ 左手拇指、食指成半圆形，虎口朝上；右手横伸，掌心向下，五指张开，边交替点动边在左手旁顺时针转动一圈。

④ 右手拇指、中指相捏，边碰向左胸部边张开。

⑤ 双手拇指、食指成"ㄴ ㄴ"形，置于脸颊两侧，上下交替动两下。

⑥ 右手直立，掌心向内，从一侧向另一侧做弧形移动。

⑦ 左手拇指、食指与右手相叠的食指、中指搭成"区"字形。

天德湖景区

① 右手食指直立，在头上方一侧转动一圈。

② 右手伸拇指、食指、小指，贴于额前，手背朝外。

③ 左手拇指、食指成半圆形，虎口朝上；右手横伸，掌心向下，五指张开，边交替点动边在左手旁顺时针转动一圈。

④ 右手直立，掌心向内，从一侧向另一侧做弧形移动。

⑤ 左手拇指、食指与右手相叠的食指、中指搭成"区"字形。

兴化李中水上森林景区

① 右手拇指、中指相捏，在头部右侧弹两下。

② 右手拇指、食指弯曲，指尖朝内，抵于颏部，表示姓氏"李"。

③ 左手拇指、食指与右手食指搭成"中"字形。

④ 右手横伸，掌心向下，五指张开，边交替点动边向一侧移动。

⑤ 双手拇指、食指成大圆形，虎口朝上，在不同位置连续向上移动几下，表示众多的树木。

⑥ 右手直立，掌心向内，从一侧向另一侧做弧形移动。

⑦ 左手拇指、食指与右手相叠的食指、中指搭成"区"字形。

姜堰溱潼古镇

① 右手五指弯曲，仿姜的外形。

② 左手平伸，掌心朝右；右手横伸，掌心向下，五指张开，边交替点动边向左手掌心移动。

③ 双手拇指、中指相捏，手背向内，边上下交替移动边相捏几下。

④ 双手拇指、食指搭成"古"字形。

⑤ 右手拇指、食指成圆形，指尖稍分开，虎口朝上，向下一顿。

凤城河风景区

① 右手拇指、食指相捏，其他三指直立分开，置于头顶，向前点动两下。

② 双手食指直立，指面相对，从中间向两侧弯动，仿城垛形。

③ 双手侧立，掌心相对，相距窄些，向前做曲线形移动。
④ 双手直立，掌心左右相对，五指微曲，左右来回扇动。
⑤ 右手直立，掌心向内，从一侧向另一侧做弧形移动。
⑥ 左手拇指、食指与右手相叠的食指、中指搭成"区"字形。

泰兴新四军黄桥战役纪念馆

① 右手拇指、中指相捏，再在颏部右侧弹两下。
② 右手伸拇指、食指、小指，指尖朝斜前方，左右晃动几下。
③ 右手食指、中指、无名指、小指横伸分开，贴在左臂上。
④ 右手横伸，掌心向下，置于前额，表示军帽帽檐。

⑤ 右手打手指字母"H"的指式，
　摸一下脸颊。
⑥ 双手食指、中指微曲分开，指尖
　相对，指背向上，从中间向两侧
　下方做弧形移动。
⑦ 双手伸拇指、食指，食指尖朝
　上，掌心向内，小指下缘互碰
　两下。
⑧ 右手打手指字母"J"的指式，
　碰一下前额。
⑨ 右手拍一下前额。
⑩ 双手搭成"∧"形。

宿迁市

① 右手打手指字母"K"的指式，拇指背向太阳穴碰一下。
② 双手食指直立，指面相对，从中间向两侧弯动，仿城垛形。

行政区划

宿城区

① 右手打手指字母"K"的指式，拇指背向太阳穴碰一下。
② 双手食指直立，指面相对，从中间向两侧弯动，仿城垛形。
③ 左手拇指、食指与右手相叠的食指、中指搭成"区"字形。

宿豫区

① 右手打手指字母"K"的指式，拇指背向太阳穴碰一下。
② 右手打手指字母"Y"的指式。
③ 左手拇指、食指与右手相叠的食指、中指搭成"区"字形。

沭阳县

① 右手五指撮合，手掌向上，指尖置于腰部，在腰部右侧前后摆动两下。

② 右手五指撮合，指尖朝下，然后张开，表示阳光的意思。

③ 右手打手指字母"X"的指式，顺时针平行转动一圈。

泗阳县

① 右手食指、中指、无名指、小指横伸分开，手背向外。

② 右手五指撮合，指尖朝下，然后张开，表示阳光的意思。

③ 右手打手指字母"X"的指式，顺时针平行转动一圈。

泗洪县

① 右手食指、中指、无名指、小指横伸分开，手背向外。

② 双手食指、中指搭成"共"字形，手背向上。

③ 右手打手指字母"X"的指式，顺时针平行转动一圈。

5A 景区

洪泽湖湿地景区

① 右手打手指字母"H"的指式，摸一下嘴唇。

② 右手食指、中指直立分开，食指尖外侧贴于下唇，然后向左转动90度，手背向外。

③ 左手拇指、食指成半圆形，虎口朝上；右手横伸，掌心向下，五指张开，边交替点动边在左手旁顺时针转动一圈。

④ 双手拇指、中指相捏，手背向内，边上下交替移动边相捏几下。

⑤ 右手横伸，掌心向下，五指并拢，齐胸部从一侧向另一侧做弧形移动。

⑥ 右手直立，掌心向内，从一侧向另一侧做弧形移动。

⑦ 左手拇指、食指与右手相叠的食指、中指搭成"区"字形。

4A 景区

双沟酒文化旅游区

① 左手拇指、食指成半圆形，虎口朝上；右手伸拇指、食指、中指，拇指在下，食指、中指在上，在左手边捏动两下。

② 右手打手指字母"J"的指式，移向嘴部，如喝酒状。

③ 右手五指撮合，指尖朝前，撇动一下，如执毛笔写字状。

④ 右手五指撮合，指尖朝上，边向上微移边张开。

⑤ 左手握拳；右手伸拇指、小指，小指在左手背上随意点几下，表示到世界各地旅游。

⑥ 左手拇指、食指与右手相叠的食指、中指搭成"区"字形。

三台山森林公园

① 右手中指、无名指、小指横伸分开，手背向外。

② 左手横伸，掌心向下；右手拇指、食指、小指直立，手背向内，仿"山"字形，置于左手背上。

③ 双手拇指、食指成大圆形，虎口朝上，在不同位置连续向上移动几下，表示众多的树木。

④ 双手拇指、食指搭成"公"字形，虎口朝外。

⑤ 右手伸食指，指尖朝下划一大圈。

洋河酒厂文化旅游区

① 左手平伸，掌心向上；右手伸拇指、小指，小指尖抵于左手掌心上，然后向上移动。

② 右手打手指字母"J"的指式，移向嘴部，如喝酒状。

③ 右手伸食指，指尖朝前，书空"厂"字形。

④ 右手五指撮合，指尖朝前，撇动一下，如执毛笔写字状。

⑤ 右手五指撮合，指尖朝上，边向上微移边张开。

⑥ 左手握拳；右手伸拇指、小指，小指在左手背上随意点几下，表示到世界各地旅游。

⑦ 左手拇指、食指与右手相叠的食指、中指搭成"区"字形。

龙王庙行宫景区

① 双手拇指、食指相捏，从鼻下向两侧斜前方拉出，表示龙的两条长须。

② 左手中指、无名指、小指与右手食指搭成"王"字形。

③ 双手搭成"∧"形，然后左右分开并伸出拇指、小指，指尖朝上，仿宫殿翘起的飞檐。

④ 右手直立，掌心向内，从一侧向另一侧做弧形移动。

⑤ 左手拇指、食指与右手相叠的食指、中指搭成"区"字形。

项王故里

① 双手握拳屈肘，同时向上一举，仿霸王举鼎动作。
② 左手中指、无名指、小指与右手食指搭成"王"字形。
③ 右手直立，掌心向内，向肩后挥动一下。
④ 双手五指张开，手背向上，交叉相搭。

湖滨公园景区

① 左手拇指、食指成半圆形，虎口朝上；右手横伸，掌心向下，五指张开，边交替点动边在左手旁顺时针转动一圈。
② 右手横伸，掌心向下，置于前额，表示军帽帽檐。

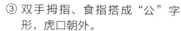

宿迁市

③ 双手拇指、食指搭成"公"字形，虎口朝外。

④ 右手伸食指，指尖朝下划一大圈。

⑤ 右手直立，掌心向内，从一侧向另一侧做弧形移动。

⑥ 左手拇指、食指与右手相叠的食指、中指搭成"区"字形。

雪枫公园

① 双手平伸，掌心向下，五指张开，边交替点动边向斜下方缓缓下降，如雪花飘落状。

② 双手直立，掌心左右相对，五指微曲，左右来回扇动。

③ 双手拇指、食指搭成"公"字形，虎口朝外。

④ 右手伸食指，指尖朝下划一大圈。